AUS EINER SCHEINBAR KLEINEN FRAGE KANN WAHRES WISSEN WERDEN, WENN WIR SIE ERNST NEHMEN UND SIE NICHT MIT KURZEN ANTWORTEN ABWIMMELN.

Wenn wir ihr Raum geben, wird aus einem kleinen Teil ein großes Puzzle. Aus einem dünnen Faden ein starkes Netz. Aus einer leisen Stimme ein lauter Chor. Eine scheinbar kleine Frage hat die Kraft, das Eis zu brechen. Darunter wartet eine Welt, die selbst Erwachsene staunen lässt. Wir müssen nicht auf Wunder warten. Denn sie sind schon da.

MAI THI NGUYEN-KIM & MARIE MEIMBERG

BIBIBIBER HAT DA MAL 'NE FRAGE

WARUM LEUCHTEN STERNE?

TEXT: MAI THI NGUYEN-KIM & MARIE MEIMBERG
IDEE & BILDER: MARIE MEIMBERG

Verlag Friedrich Oetinger · Hamburg

SAGT MAL, MAI UND MARIE:
WARUM LEUCHTEN STERNE?
BIBIBIBER! KOMM, WIR MACHEN ES UNS GEMÜTLICH. DANN SCHREIBEN UND MALEN WIR DIR EIN GANZES BUCH VOLL MIT ANTWORTEN.
DARF ICH AUCH ZWISCHENFRAGEN STELLEN?
UNBEDINGT!
MARIE
BIBIBIBER
MAI
WARUM LEUCHTEN STERNE?

DAS STECKT ALLES HIER DRIN:

STERNE

Sie sind einfach immer da. Egal, wo wir sind auf dieser Welt. Egal, wer wir sind. Oder wie alt wir sind. Wenn wir nachts in den Himmel schauen, sind sie da. Ganz egal, ob wir uns abends auf eine Decke legen und extra wach bleiben, nur um ihnen beim Funkeln zuzuschauen. Oder ob sie still und leise über unseren Köpfen leuchten, während wir schon lange schlafen. Irgendwie fühlt man sich manchmal klitzeklein und gleichzeitig auch geborgen unterm Leuchte-Sternenhimmel.

Aber weißt Du was? Diesem Sterne-Strahlen verdanken wir viel mehr als ein faszinierendes Funkeln in der Nacht. Würden diese Sterne nicht leuchten, wären wir gar nicht hier. Denn Du und wir, ja, alles hier auf dieser Erde, ist in Sternen entstanden. Sogar die Erde selbst ist aus Sternenstaub gemacht.

Aber fangen wir am Anfang an …

Also, so richtig am Anfang. Als unsere Erde noch gar nicht da war. Und auch die Sterne im Sternenhimmel nicht. So richtig am Anfang, als es noch nicht einmal einen Himmel gab, in dem die Sterne hätten leuchten können.

Es gab keine Lampen. Und keine Fenster. Keine Schlafanzüge und keine Spielzeugbausteine. Keine Fotos, keine Klebestreifen, keine Nägel und keine Hocker. Keine Hunde, keine Hühner, keine Dinosaurier und auch keine Menschen. Alles, wirklich alles, war noch nicht da. Es war der Anfang von allem. Und am Anfang von allem, da war … NICHTS. Einfach gar nichts.

Wobei das nicht so richtig stimmt. Und was soll das überhaupt bedeuten – nichts?

Blätter mal um. Auf der nächsten Doppelseite, da ist: NICHTS.

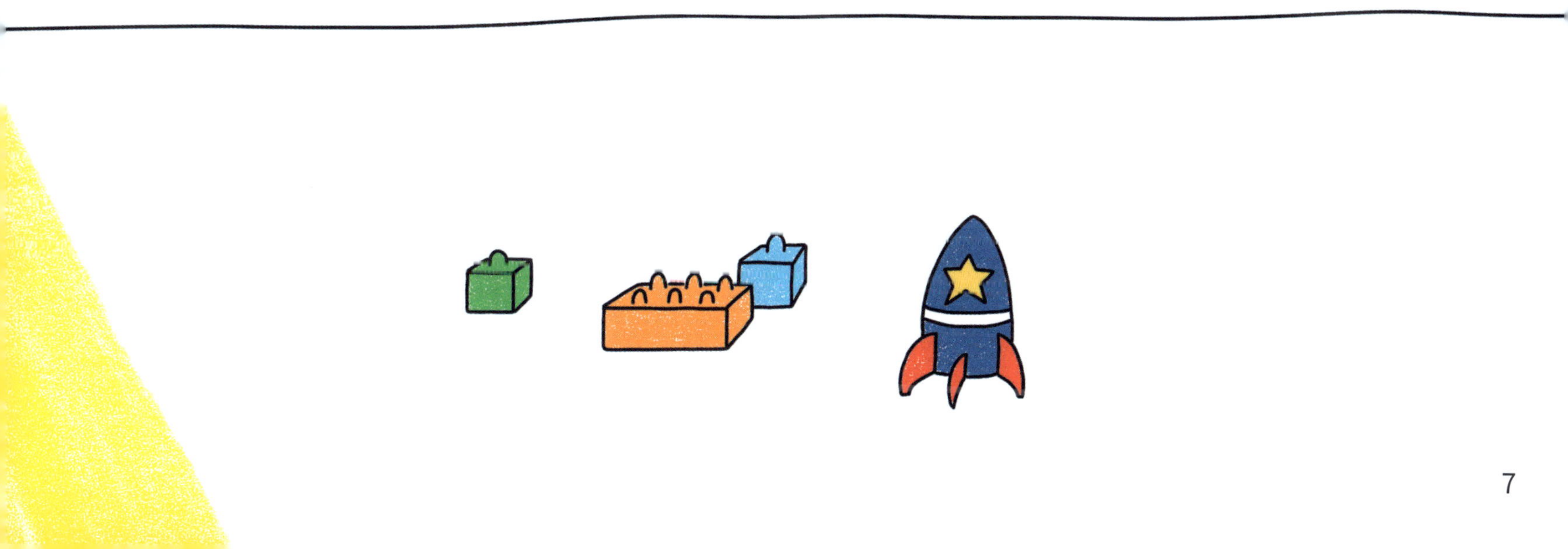

Aber war da jetzt wirklich nichts, also einfach gar nichts? Klar, die Seite war leer. Kein Text. Kein Bild. Aber die Seite selbst, die war ja noch da. Und das Papier, aus dem die Seite ist, war ja auch nicht weg. Und das Buch auch nicht. Und Du, Du warst ja auch noch da. Und die Bank, auf der wir grad sitzen, und der Ort oder Raum, in dem die Bank steht, also dieser Buch-Lese-Raum, der war auch noch da.

Und geatmet hast Du ja hoffentlich auch. Also war da auch noch Luft. Und so waren da zwar kein Text und kein Bild, aber die Seiten, das Buch, der Lese-Raum, die Luft und Du, das war alles noch da. Und das ist ja wirklich NICHT NICHTS! Alles, was NICHT NICHTS ist, nennen wir MATERIE. Und alles, was Nicht-Nichts-Materie ist, besteht aus minikleinen Teilchen.

BIBIBIBER: Moment, ja klar, okay. Luft ist nicht nichts. Ich kann sie ja auch sehen! Wenn ich im Winter ausatme. Oder unter Wasser, da macht sie so Blubberblasen. Aber Nicht-Nichts-Materie-Teilchen? Wo sollen die bitte sein? Hab ich noch nie gesehen in der Luft, diese Teilchen! Und fühlen kann ich sie auch nicht!

Ja, aber glaub uns. Sie sind da, diese Teilchen. Und wie sie da sind! Sie sind nicht nur überall – wirklich überall – um Dich herum, in Dir drin und eben auch in der Luft, sie feiern auch! In diesem Moment feiern sie in der Luft direkt um Dich herum eine richtig wilde Teilchen-Party. Denn Teilchen lieben tanzen. Mal ruhiger, mal wilder. Aber gar nicht tanzen? Starr und bewegungslos einfach nur so dastehen? Das ist ihnen viel zu langweilig!

E-BASS-ROCK-'N'-ROLL-TANZ-TEILCHEN

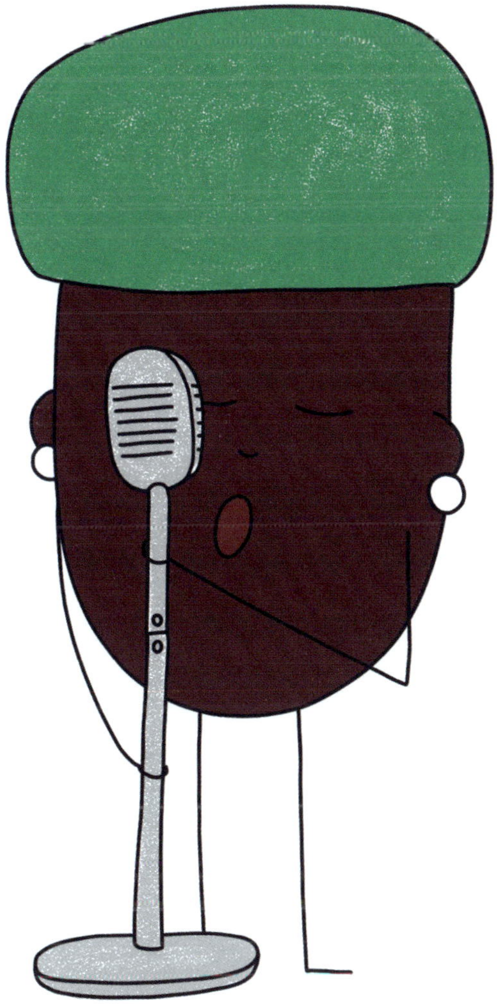

JAZZ-TANZ-TEILCHEN

Und so gibt es Schunkel-Tanz-Teilchen, Tänzel-Tanz-Teilchen, Tobe-Tanz-Teilchen … aber absolute Stillstand-Teilchen, die gibt es nicht. Und je wilder sie feiern, je wilder sie über die Teilchen-Tanzfläche tanzen, desto wärmer ist es. Oder halt auch andersrum: Je ruhiger sie tanzen, desto kälter ist es. Im Gefrierfach vom Kühlschrank zum Beispiel, da ist die Luft-Teilchen-Party wirklich sehr entspannt. Aber im Ofen, beim Kuchen- oder Pizza-Backen, da geht es dafür richtig ab.

Und das gilt nicht nur für unsere Luft-Teilchen. Sondern für einfach alle Teilchen. Einfach überall. Und immer.

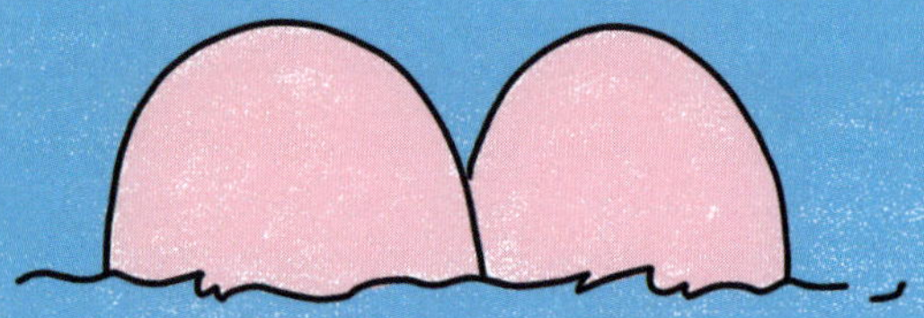

Wenn wir uns in heißes Badewannenwasser setzen, dann feiern die Teilchen in diesem heißen Badewannenwasser wirklich ziemlich wild. Sonst wäre das heiße Badewannenwasser nicht heiß. So heiß, dass wir uns fast den nackten Popo verbrennen. Wir spüren den wilden Tanz der Wasser-Teilchen als Oh-Viel-Zu-Heiß am Popo. Ein bisschen so, als wäre unser Popo ein Party-Tanz-Stimmungs-Temperatur-Mess-Thermometer.

BIBIBIBER: EIN POPOMETER!!!

Na ja, eigentlich messen solche O-Meter immer das, was vor dem O-Meter steht. Thermós heißt auf Deutsch „warm“, daher misst ein Therm-O-Meter auch die Wärme.

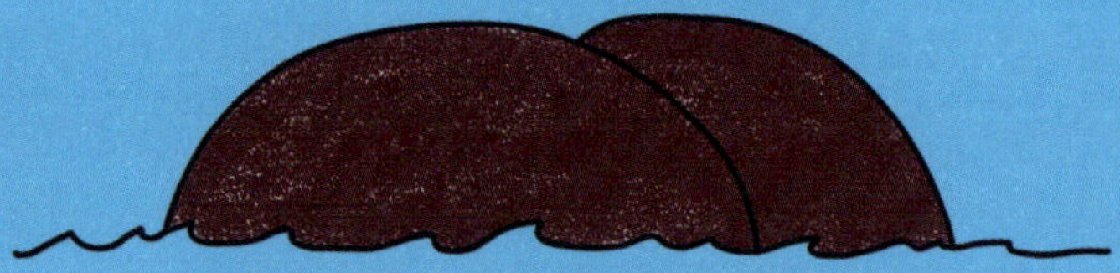

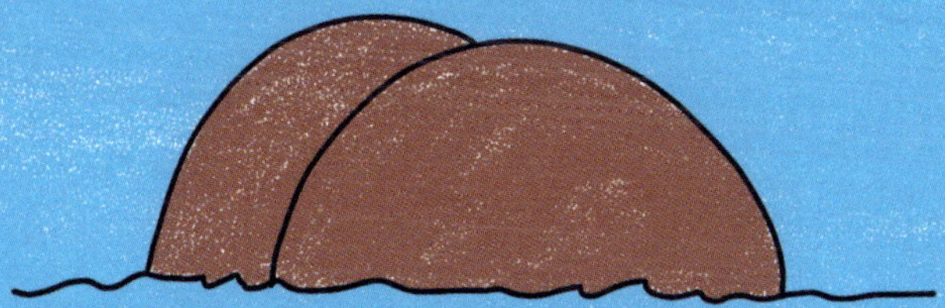

So ein Popometer, das müsste also, streng genommen, Popos messen. Aber wir können sehr gerne in Deinem Popometer-Fall mal eine Ausnahme machen. Dein Popometer und Du, Ihr könntet dann nach ein bisschen Wartezeit in der Badewanne spüren, dass die Teilchen-Party im Wasser sich von einer wilden Oh-Viel-Zu-Heiß-Am-Popo-Party auf eine angenehme Warm-Wasser-Tanz-Temperatur-Party abgekühlt hat. Und dann können wir gemeinsam mit unserem Popometer ins Badewannenwasser eintauchen.

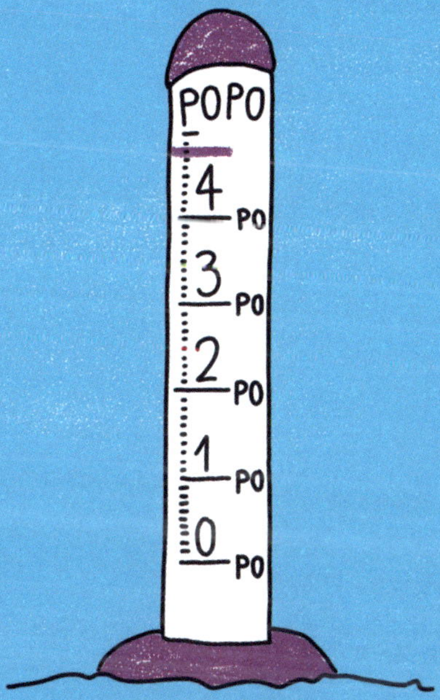

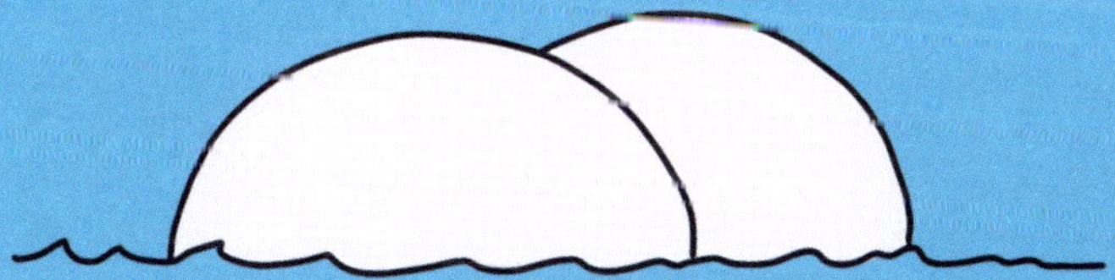

BIBIBIBER: Aber warum wird denn die Teilchen-Party-Tanz-Temperatur im Wasser kälter?

Es gibt mehrere Gründe, ein bisschen kannst Du Dir das so vorstellen: Auf der Tanzfläche der Wasser-Teilchen geht es richtig ab. Hier wird zu lauter Punkrock-Musik getobt. Alle springen und hüpfen im wilden Gewusel und knallen dabei immer wieder mit krachendem Karacho gegen andere Tobe-Tanz-Teilchen – und gegen die Badewannen-Teilchen. Und die Badewannen-Teilchen? Die toben gar nicht. Die Badewanne selbst ist ja ohne das heiße Wasser nicht heiß! Und was passiert, wenn wir mit krachendem Karacho gegen etwas knallen? Rennen wir dann einfach weiter, so als wäre nichts gewesen? Nee, wir werden vom Aneinander-Knallen ausgebremst und langsamer. Und weil die tobenden Tanz-Teilchen immer und immer wieder gegen die Badewannen-Teilchen knallen und so immer und immer wieder ausgebremst werden, wird die Punkrock Stimmung immer entspannter. Schon bald spielen Streicher klassische Kuschellieder. Und die Teilchen schunkeln schmusend über die Tanzfläche. Das merkt unser Popometer auch. Denn das Badewannenwasser ist ganz kalt geworden.

IHR SEID WASSER-
ICH BIN KRASSER!
DIES, DAS, ANANAS,
ICH WÄR LIEBER
WASSERGAS!
TSCHÜSS!
IHR SEID SO LAHM
WIE 'NE MATRATZE-
ICH MUSS HIER RAUS,
WEIL ICH SONST
PLATZE!!!
WAS SEID IHR
FÜR LAHME TEILE?
ICH SCHLAF GLEICH
EIN VOR LANGEWEILE!

Aber, wie gesagt, gibt es mehrere Gründe. Ein anderer Grund fürs Kälter-Werden ist, dass manche Tobe-Tanz-Teilchen einfach abgehauen sind! Als die Party noch so richtig punkrockwild war, wurde es ihnen auf der Tanzfläche einfach zu eng. Sie hatten zu viele Hummeln im Hintern, zu viel Krawall-Kraft – zu viel Krabumms-Energie. Sie wollten ausrasten. Eskalieren! Und mit komplett krassem Tanz-Krabumms über die Tanzfläche toben. Aber da war nicht genug Platz.

Also haben sie mit ganz viel Tanz-Krabumms-Energie einen kräftigen Sprung genommen und sich mit einem „Tschüss!" in die Runde von der Wasseroberfläche in die Luft verabschiedet. Und ihre Tobe-Tanz-Krabumms-Energie, die haben sie mitgenommen.

So haben nach und nach die schnellsten und wildesten Tobe-Tanz-Gäste die Wasser-Party verlassen. Und mit jedem „Tschüss!" blieb im Wasser ein bisschen weniger Tobe-Tanz-Krabumms-Energie zurück. Auch so wurde aus der Punkrock-Tobe-Tanzfläche nach und nach eine Streichermusik-Schunkel-Tanzfläche.

BIBIBIBER: Versteh ich gut, ich muss auch manchmal raus aus'm Bau, weil es mir zu eng wird. Da hab ich wahrscheinlich auch zu viel Krawall-Kraft und Krabumms-Energie. Aber ich hab noch nie Wasser-Tanz-Teilchen gesehen, die über der Badewanne durch die Luft toben!

Das liegt daran, dass sich die Wasser-Teilchen beim Aus-Dem-Wasser-Tanzen nicht nur vom Badewannenwasser verabschiedet haben, sondern auch von ihrer Form. Im Wasser, da sind die Teilchen flüssig.

Und in der Luft, da sind sie gasförmig. Aber irgendwie ist gasförmig ein komisches Wort für das, wie Gas aussieht. Weil Gas nämlich gar keine Form hat. Also sollte es vielleicht besser heißen: Im Wasser sind die Teilchen flüssig. Und im Gas sind sie gas-ohne-form-ig. Wenn Teilchen sich von ihrer flüssigen Wasser-Form verabschieden und gas-ohne-form-ig werden, werden sie Wasserdampf – oder wie man auch sagen kann: Wassergas.

Und weißt Du was? Keiner feiert so wild wie Teilchen in Gasen. In unserem Wasserdampf versammeln sich alle wild gewordenen Teilchen und eskalieren komplett. Wirklich, sie rasten richtig aus. Die einen krabumms-knallen hier, die anderen da drüben, vorne schlägt ein Teilchen ein Rad, und mittendrin rennen andere einfach nur schreiend über die Tanzfläche, während sie immer wieder ihre Hände in die Luft werfen und ununterbrochen mit ihren Köpfen nicken, so, als würden sie zu allem, was gerade passiert, sehr überzeugt und sehr laut JA sagen.

Irgendwer tanzt allein Walzer in Wirbelgeschwindigkeit, während sich wieder wer so sehr dreht, dass einem vom Zuschauen ganz wunderbar schwindelig wird. Ja, es geht wirklich heiß her. Und alle geben richtig Gas!

Und weißt Du, woran Du sehen kannst, dass über der Badewanne in der Luft die Teilchen richtig Wasserdampf-Gas geben? Am Badezimmerspiegel. Wenn nämlich die Wasserdampf-Tobe-Tanz-Teilchen gegen den kalten Badezimmerspiegel donnern, dann ist das so, als würde eine Punkrock-Party eine Streicher-Schunkel-Party stürmen.

Auf der einen, der Kalt-Entspannten-Schunkel-Spiegel-Party, da gibt es gar keine Tanzfläche. Hier sitzen die Teilchen wie bei einem Orchesterkonzert. Jedes Teilchen hat seinen festen Teilchen-Platz. Arm in Arm sitzen sie da, wippen mit den Füßen und freuen sich über die entspannten Kälte-Klänge … bis plötzlich, mit knallendem KRABUMMS, immer wieder wild tanzende Tobe-Teilchen aus dem Wasserdampf mit krachendem Karacho gegen den Spiegel knallen. Die Spiegel-Schunkel-Teilchen können grade so ein verdutztes „Äh! Entschuldigen Sie bitte!!!“ rufen … da, KRABUMMS, knallt es schon wieder. Laute Punkrock-Musik überdröhnt jetzt die Streicherklänge. Und wieder und immer wieder wirft sich ein Tobe-Teilchen aus dem Wasserdampf gegen die Spiegel-Schunkler.

Dadurch werden die Wasserdampf-Tobe-Teilchen gebremst und toben ein wenig weniger. Und wer weniger tobt, braucht auch weniger Platz – und so haben sie auch weniger Lust, sich direkt wieder zu verabschieden. Anstatt immer wieder wild gegeneinander zu donnern, tanzen sie jetzt mit fröhlichem Hallo Händchen haltend umher. Von Wasserdampf-Ohne-Form-igem-Gas verwandeln sie sich wieder in flüssiges Wasser und das bildet klitzekleine Tröpfchen am Spiegel. Diese klitzekleinen Tröpfchen, fein über den ganzen Spiegel verteilt, sehen ein bisschen aus wie Nebel. Jetzt können wir uns zwar nicht mehr im Spiegel sehen, aber dafür können wir witzige Gesichter und Grußbotschaften in die Spiegel-Tröpfchen-Teilchen schreiben.

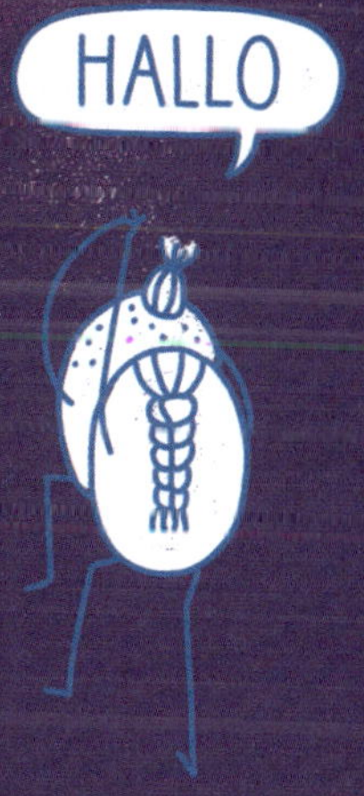

BIBIBIBER: Also ist es im Sommer heiß, weil in der Luft die Teilchen richtig wilde Tobe-Tanz-Partys feiern?

Ja, genau. Und wenn es im Winter kalt ist und jemand friert, kannst Du ab jetzt sagen: Bring doch mal Deine Teilchen in Bewegung, Bewegung ist Wärme!

BIBIBIBER: Aber wenn da die ganze Zeit tanzende Teilchen in der Luft sind, warum ist die Luft dann nicht ganz arg schwer?

Das ist sie! Sie wiegt richtig viel. Die ganze Luft über Dir drückt mit so viel Gewicht auf Deinen Kopf, als säße da ein Elefant!

BIBIBIBER: ÄH, BITTE WAS? AUF MIR SITZT EIN LUFT-ELEFANT?! Aber warum zerdrückt der mich nicht?

Weil ja nicht nur die Luft voller drückender Tobe-Tanz-Teilchen ist. Du bist das ja auch. Und Deine Tanz-Teilchen, die drücken zurück. Nicht nur Deine. Unsere auch. Alle Teilchen gehen in den Widerstand. Alle Teilchen drücken zurück.

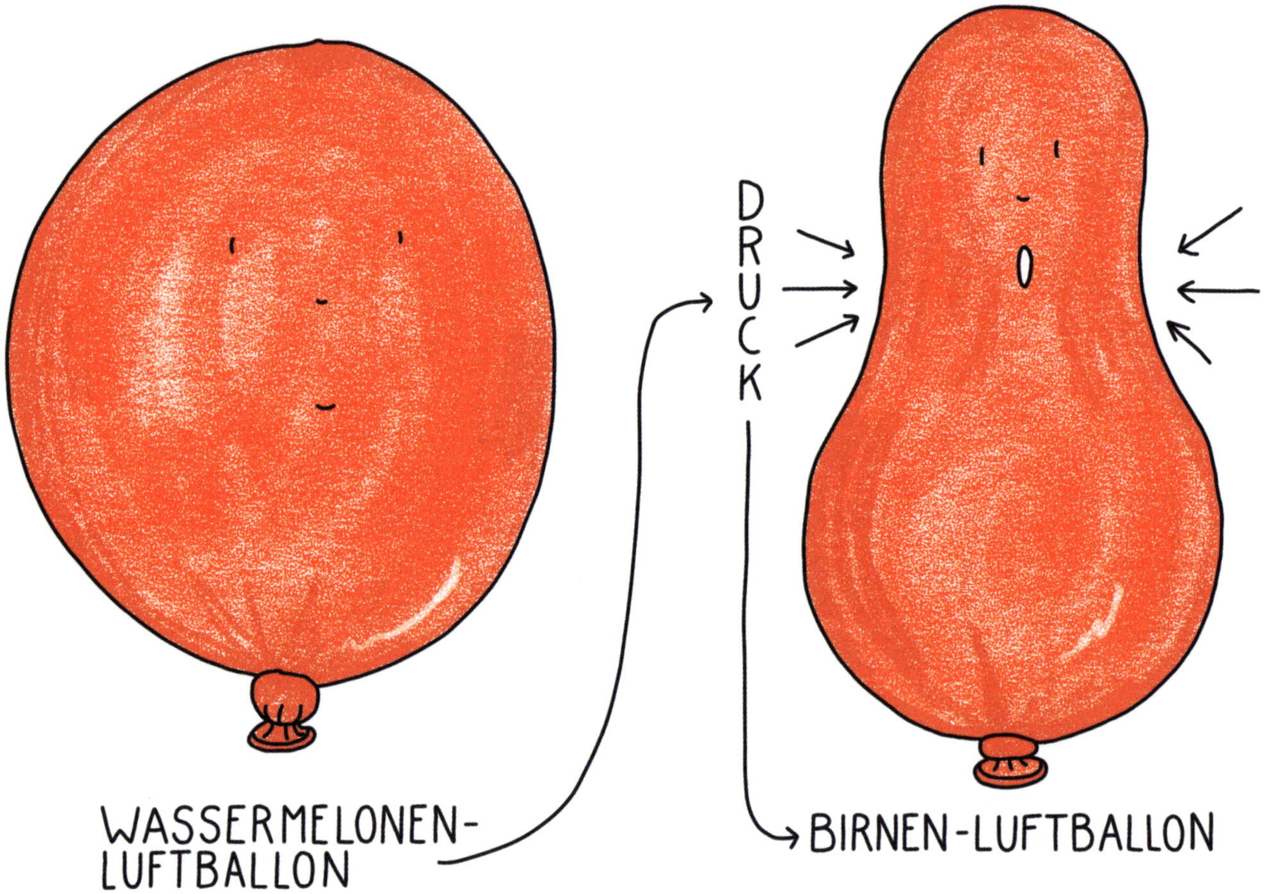

Stell Dir vor, Du hast einen Luftballon. Und den pustest Du auf. Nicht so, dass er ganz prall ist und gleich platzt. Aber schon so, dass es ein schöner wassermelonenförmiger Luftballon wird. Wenn Du den jetzt in der Mitte zusammendrückst, dann sieht die Wassermelonen-Form gar nicht mehr so wassermelonenförmig aus – sondern ein bisschen birnenförmig. Und wir sind auch nicht alleine mit der Drückerei. Denn während wir den Wassermelonen-Ballon zusammendrücken, drückt er zurück. Man spürt richtig, mit welcher Kraft der Wassermelonen-Ballon sich gegen unser Zusammendrücken wehrt.

Es gibt also einen Armdrück-Wettbewerb: Wir drücken den Wassermelonen-Ballon zusammen. Und der Wassermelonen-Ballon drückt zurück. Und das Ergebnis von diesem Armdrück-Wettbewerb kann man dann nicht in einem Punktestand sehen – aber halt in der Birnen-Ballon-Form.

Und jetzt kommt's: Dieses Armdrücken, das macht auch die Luft mit dem Wassermelonen-Ballon. Also, selbst wenn wir gar nicht drücken, wird der Wassermelonen-Ballon zusammengedrückt. Aber eben von den Luft-Tobe-Tanz-Teilchen. Und die drücken nicht so wie wir ab und zu mal an einer Stelle einen Wassermelonen-Ballon zusammen. Die drücken einfach immer und von allen Seiten.

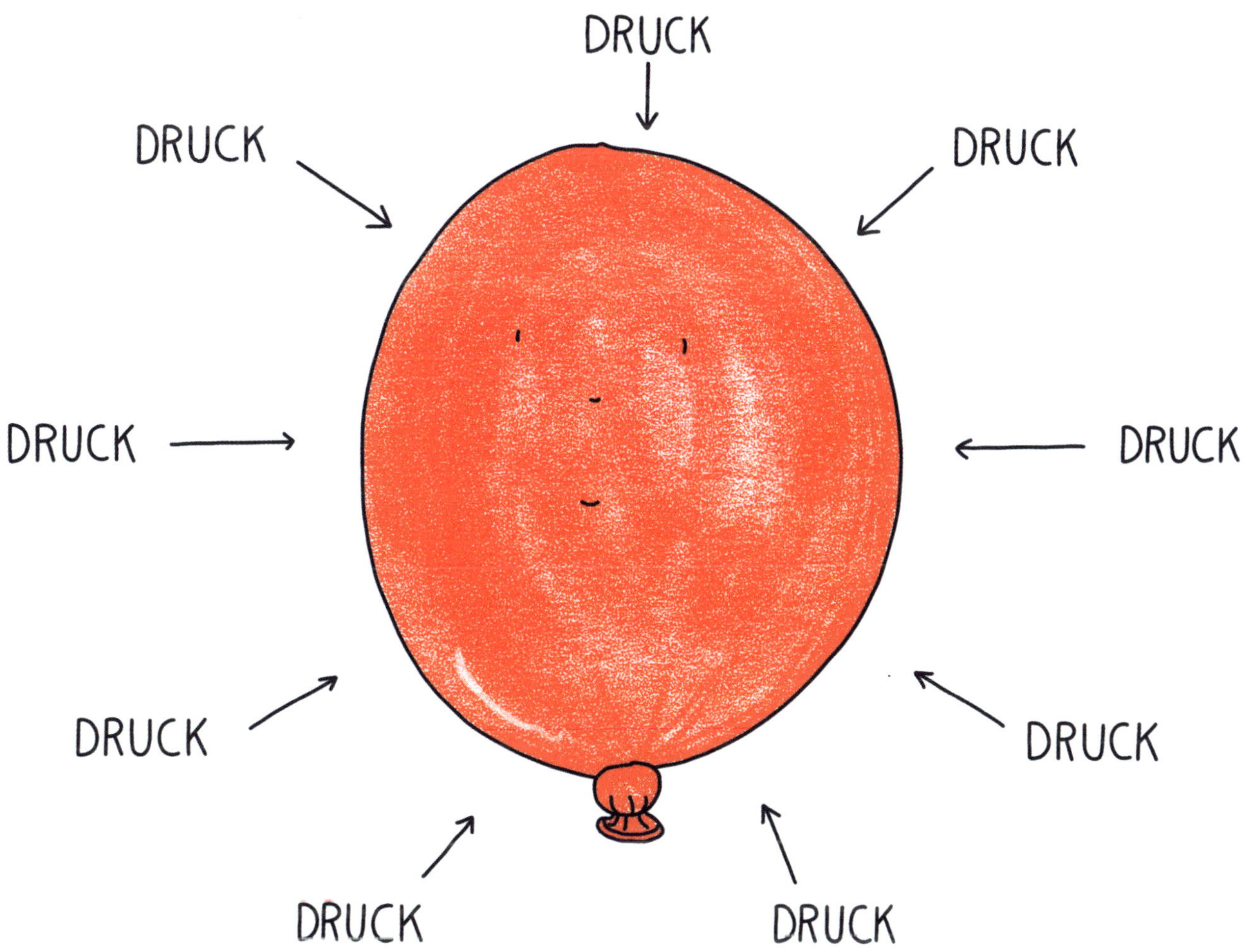

Deswegen merken wir es auch nicht, weil sich für uns die Wassermelonen-Ballon-Form nicht plötzlich durch das Armdrücken der Luft-Teilchen ändert. Eben weil es nicht einmal drücken ist. Sondern immer drücken. Und so ist das, was Du siehst, wenn Du Dir jetzt einen wassermelonenförmigen Luftballon anschaust, schon das Ergebnis von dem Armdrück-Wettbewerb zwischen Luftballon und Luft.

Und diesen Armdrück-Wettbewerb, den macht die Luft mit wirklich einfach allen Dingen auf dieser Welt. Immer. Und die ganze Zeit. Und eben weil die Luft immer und gegen alles drückt, sprechen wir auch von LUFT-DRUCK.

BIBIBIBER: Es wird also um uns herum in der Luft nicht nur die ganze Zeit wild getanzt. Es wird auch noch die ganze Zeit wild Armdrücken gespielt?!?

Ja, genau. Die Luft ist voller Tobe-Tanz-Teilchen, die mit ihrem Luftdruck gegen alle und alles Luftdruck-Armdrücken spielen.

BIBIBIBER: Und was würde passieren, wenn die Luft-Tobe-Tanz-Teilchen nicht mehr gegen alle Armdrücken spielen? Also, ohne diesen Luftdruck – was wäre da?

Stell Dir vor, wir hätten eine große Kiste aus Glas, voller Luft-Tobe-Tanz-Teilchen. Oder um es abzukürzen: voller Luft-Teilchen. Und die Luft-Teilchen, die könnten wir aus der Kiste raussaugen. So, wie man mit einem Strohhalm Wasser, Saft oder Kakao aus einer Trinkbox saugen kann. Wir würden unsere Kiste „Luft-Raus-Glas-Kiste" nennen. Einfach, weil wir die Luft aus ihr raussaugen. Und weil es eine Kiste aus Glas ist.

Jetzt stecken wir unseren Wassermelonen-Ballon in die Luft-Raus-Glas-Kiste. Und erst mal ist alles wie immer. Also genau so wie ohne Luft-Raus-Glas-Kiste auch. Unser Wassermelonen-Ballon macht mit den Luft-Teilchen Armdrück-Wettbewerb. Die Luft-Teilchen, die im Wassermelonen-Ballon drin sind, drücken von innen gegen die Wassermelonen-Ballon-Gummihülle. Und von außen, auf der anderen Seite der Wassermelonen-Ballon-Gummihülle, halten die Luft-Teilchen dagegen. Die einen drücken von innen. Die anderen von außen. Es wird also von beiden Gummihüllen-Seiten gedrückt.

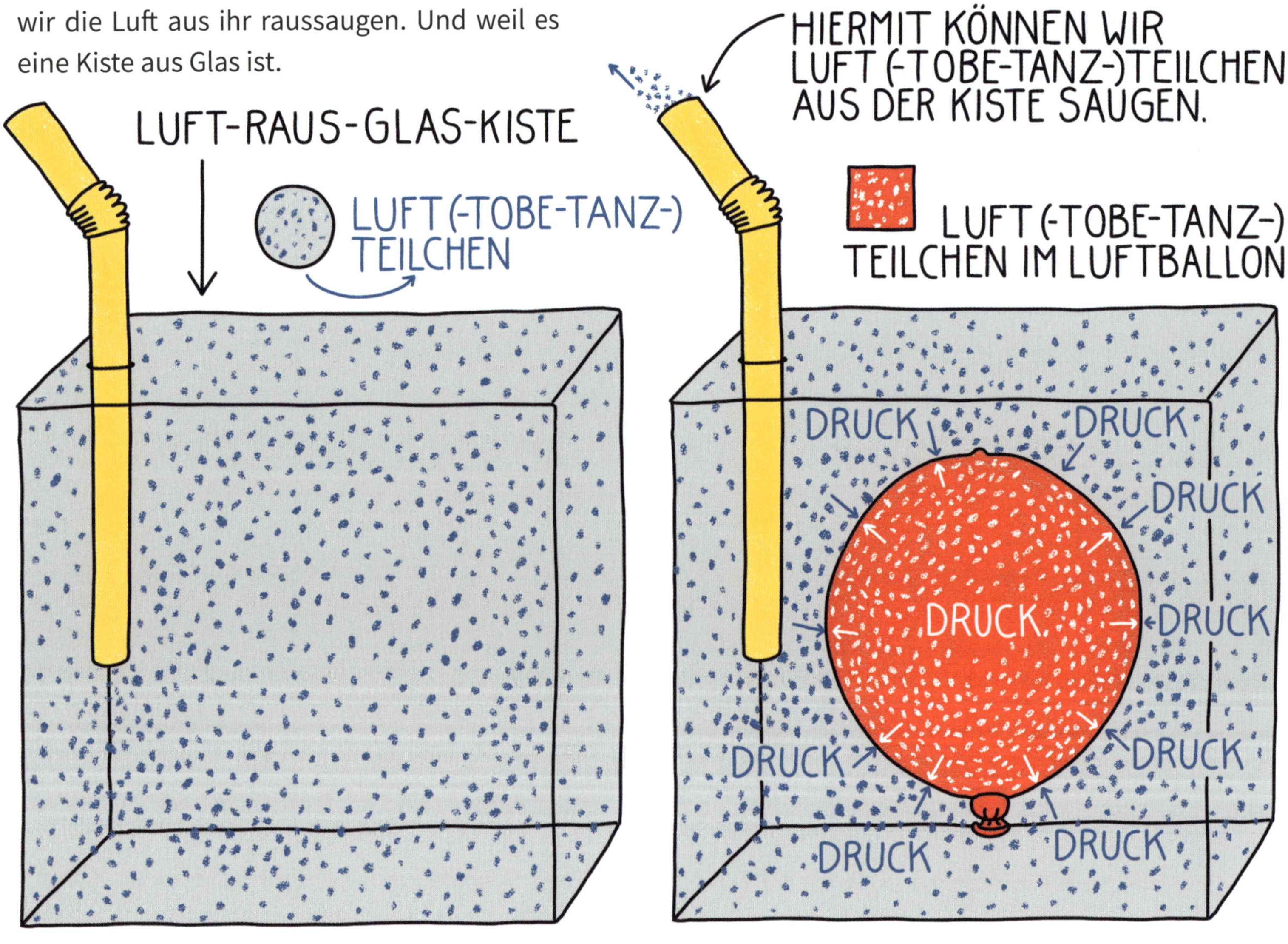

Jetzt saugen wir mit unserem Strohhalm die Luft aus der Kiste raus. Weißt Du, was dann passiert? Unser Wassermelonen-Ballon wird immer größer. Ganz einfach, weil in der Kiste jetzt weniger Luft-Teilchen sind. Aber im Wassermelonen-Ballon drinnen, da drücken immer noch gleich viele zurück. Wir können mit dem Strohhalm ja nur die Luft aus der Kiste saugen. Die Luft-Teilchen im Luftballon drinnen, die sind von der Luftballon-Gummihülle beschützt. Es sind also mehr Luft-Teilchen im Ballon als außen. Und weil von innen viel mehr Teilchen gegen die Ballon-Gummihülle hämmern als von außen zurückdrücken, wird der Ballon immer größer.

Wenn wir dann immer weiter Luft raussaugen, sind irgendwann gar keine Luft-Teilchen mehr in der Kiste. Und die Luft-Teilchen im Wassermelonen-Ballon drücken ungehemmt von innen gegen die Wassermelonen-Ballon-Gummihülle.

Und weißt Du, was die Gummihülle dann macht? Aufgeben! Ist ja klar, wenn beim Armdrücken eine Seite aufhört zu drücken, ZACK, krachen beide Arme auf den Tisch und die Seite, die noch gedrückt hat, gewinnt. Die Luft-Teilchen in unserem Wassermelonen-Ballon, die gewinnen am Ende sogar so richtig! Denn die hören einfach nicht auf mit ihrer ungehemmten Drückerei.

Und was heißt das für unseren Wassermelonen-Ballon? Wenn innen einfach wie wild weiter gedrückt wird? Richtig!

ER PLATZT!

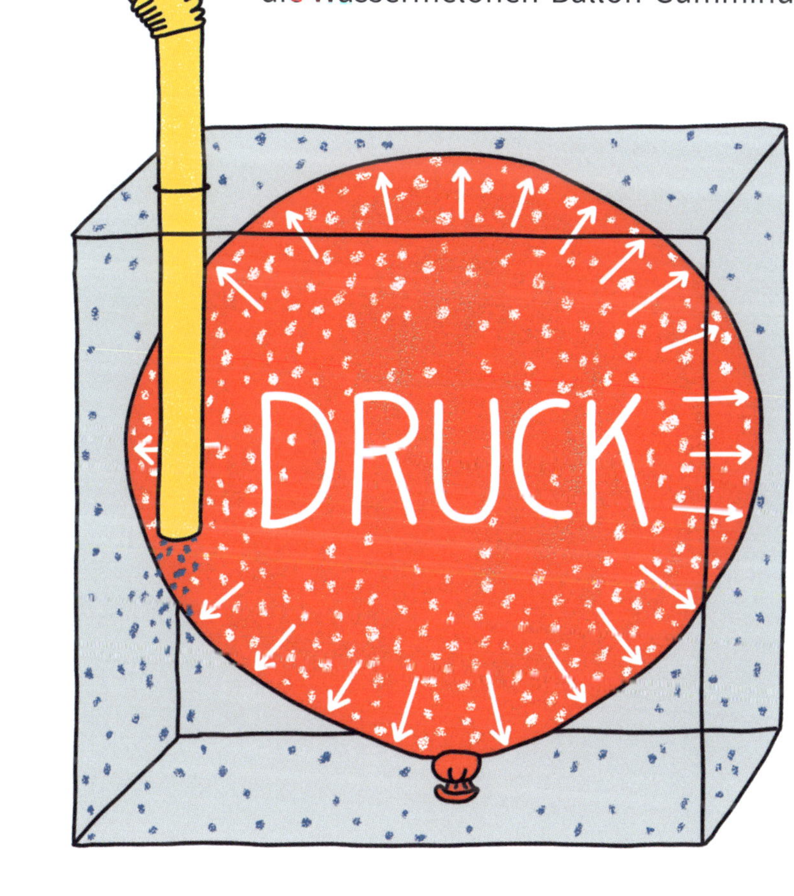

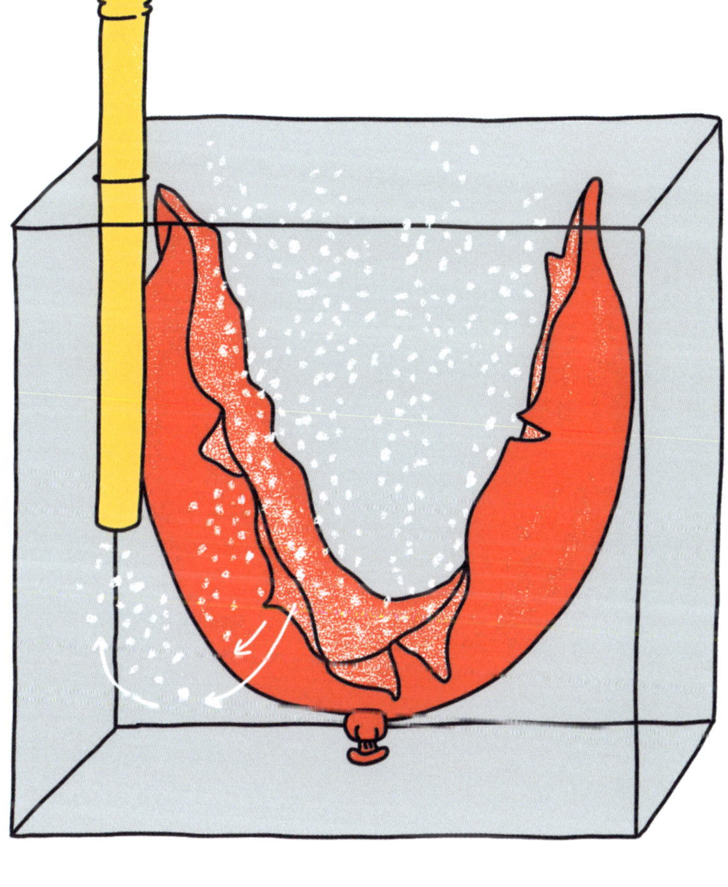

BIBIBIBER: Oh! Armer Wassermelonen-Ballon! Na, zum Glück leben wir nicht in so einer Luft-Raus-Glas-Kiste ohne Luft! Weil ich finde Luftballons schon irgendwie gut!

Ja, genau. Wenn auf unserer Welt keine Luft da wäre, die mit ihren Tobe-Tanz-Teilchen ordentlich Luftdruck-Armdrücken würde, dann wär aber alles ganz anders.

Klar, nicht alles würde ohne Luftdruck-Armdrücken direkt platzen wie unser Wassermelonen-Ballon. Aber unsere Wasser-Teilchen würden ohne dieses Luftdruck-Armdrücken überhaupt gar nicht mehr in ihrer Wasser-Form auftreten. Sie würden einfach immer und die ganze Zeit so tobend tanzen, dass sie nur noch Wasserdampf wären. Einfach, weil keine Luftdruck-Tobe-Tanz-Teilchen die wilden Wasser-Tobe-Tanz-Teilchen auf ihre Wasser-Tanzfläche zurückdrücken würden.

Ohne Luftdruck-Armdrücken gäbe es auf dieser Welt also keine bunten Geburtstags-Wassermelonen-Ballons, was wirklich schade wäre. Aber es gäbe auch überhaupt kein flüssiges Wasser!!! Sondern nur gas-ohne-form-iges Wassergas. Und da würde bei uns allen ein bisschen mehr platzen als eine bunte Gummihülle! Der Traum vom Leben, zum Beispiel – ohne Wasser? ZACK, zerplatzt!

BIBIBIBER: Oha! Na dann: Danke, Luftdruck, dass es Dich gibt! Und danke auch an all die Tanz-Teilchen, die so zurückdrücken, dass uns die Luftdruck-Armdrückerei nicht zerdrückt. Ich wusste ja gar nicht, wie gut es ist, dass es euch gibt!

Genau. Danke an all die Drücker. Und die Tanz-Teilchen!!! Weil es stimmt: Manche Dinge vermissen wir erst, wenn sie nicht mehr da sind. Weil wir gar nicht merken oder wissen, wie wichtig sie für uns sind. Und dass für unser Leben ausgerechnet unsichtbare, Arm drückende Tanz-Teilchen so wichtig sind, das kann man ja auch gar nicht wissen, wenn es einem niemand sagt!

Übrigens ist diese Luft mit ihrem Luftdruck-Armdrücken auch etwas ziemlich Besonderes. Und großes Glück! Unsere Erde, die ist in eine riesige Erd-Lufthülle eingepackt. Erd-Atmosphäre heißt die. Und dahinter? Im Weltall? Da ist es ein bisschen so wie in unserer Luft-Raus-Glas-Kiste.

BIBIBIBER: Ui! Na, hoffentlich fliegt uns unsere Erd-Lufthülle nicht davon! Ich will nicht, dass die abhaut und dann unser Wasser verdampft!!! Wasser – das ist doch mein Zuhause!

Keine Angst, das wird nicht passieren.

Teilchen, musst Du wissen, hängen gern in Gruppen ab. Wenn irgendwo zwei Teilchen zusammen sind und ein drittes kommt vorbei, dann sagen die beiden: „Hey, komm doch zu uns!“ Und das einzelne Teilchen wird sagen: „Nee, kommt Ihr doch zu mir!“ Es ist ein bisschen so, als würden beide Seiten an einem Seil ziehen und versuchen, sich zueinander zu ziehen. Je näher sie aneinander sind und je schwerer die Teilchen sind, desto stärker können sie anziehen. Nur, dass sie für diese Anziehung kein Seil brauchen, sie machen das einfach so. Dazu kommt, dass manche Teilchen sich auch einfach ganz besonders toll finden. Dann müssen sie gar nicht superstark sein, um sich anzuziehen.

Du hast bestimmt schon mal so Staubwolken gesehen. In den Ecken einer Wohnung. Unterm Bett oder hinterm Schrank. Manche Menschen nennen sie auch „Staubmäuse“. Das sind nichts anderes als viele kleine Staubteilchen, die zu anderen kleinen Staubteilchen gesagt haben: „Oh, wie wundertollschön, Euch zu sehen!!! Wir freuen uns ganz arg! Kommt doch bitte ganz arg blitzeschnell zu uns rüber, Ihr ganz arg wundertollschönen Teilchen!“

Staubteilchen, musst Du wissen, finden sich wirklich ganz besonders toll und anziehend. Wenn Du also so eine Staub-Mäuse-Wolke in der Wohnung siehst, weißt Du, dass da viele Staubteilchen sich gegenseitig voller Freude angezogen haben und jetzt in der Zimmerecke kuscheln. Und wenn man sie nicht wegsaugt, dann ziehen sie immer mehr und mehr Staubteilchen an und werden eine immer größere Staub-Mäuse-Kuschel-Wolke.

Wir machen das mit dem Anziehen übrigens auch. Mit der Erde. Oder besser vielleicht: Die Erde macht das mit uns. Denn wenn wir und die Erde uns nicht gegenseitig anziehen würden, würden wir jetzt hier nicht stehen. Oder sitzen. Die Erde zieht aber nicht nur uns an, sondern einfach alle Dinge auf der Erde. Denn die Erde, die ist superschwer. Und wer superschwer ist, kann superstark anziehen!

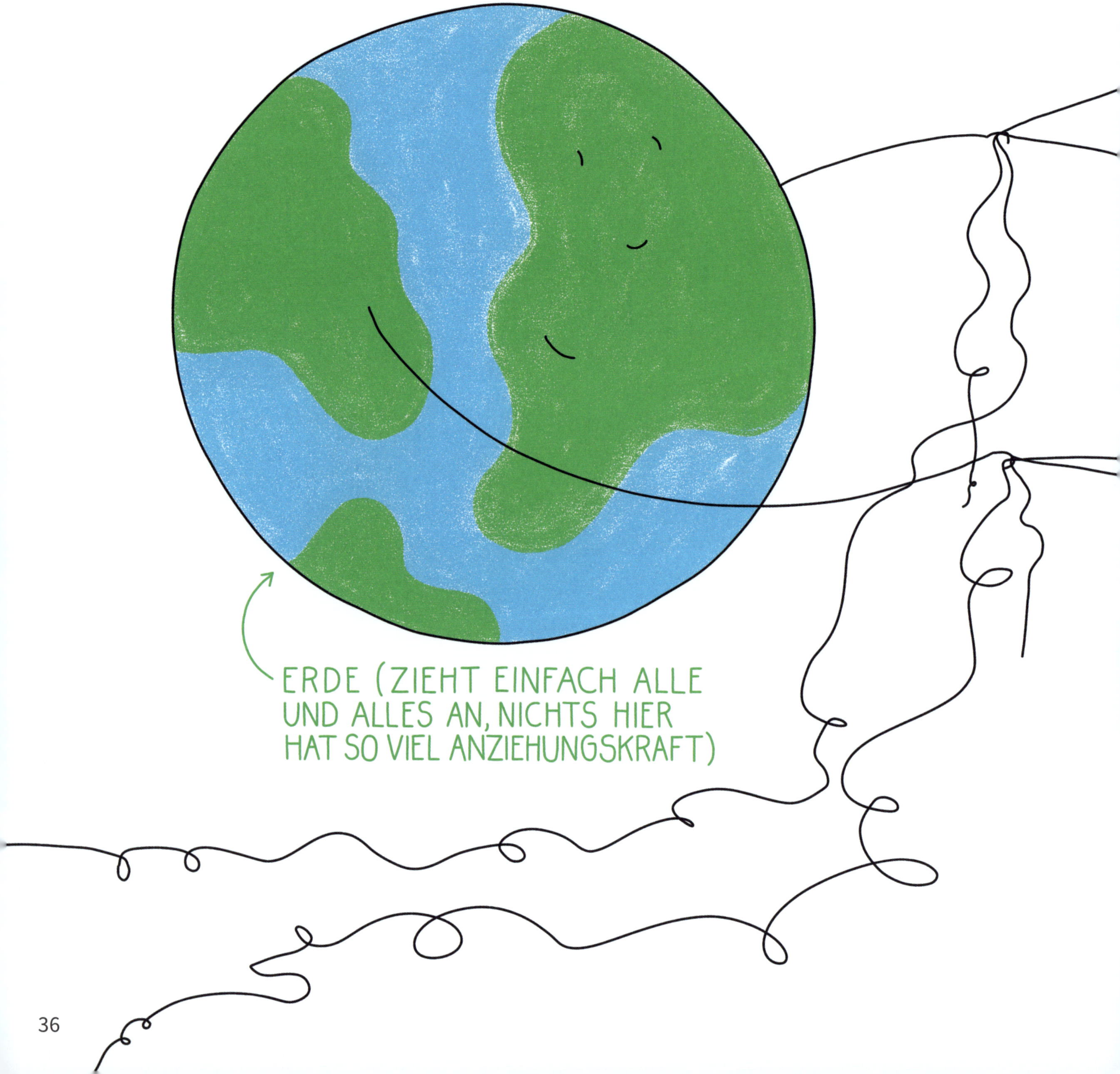

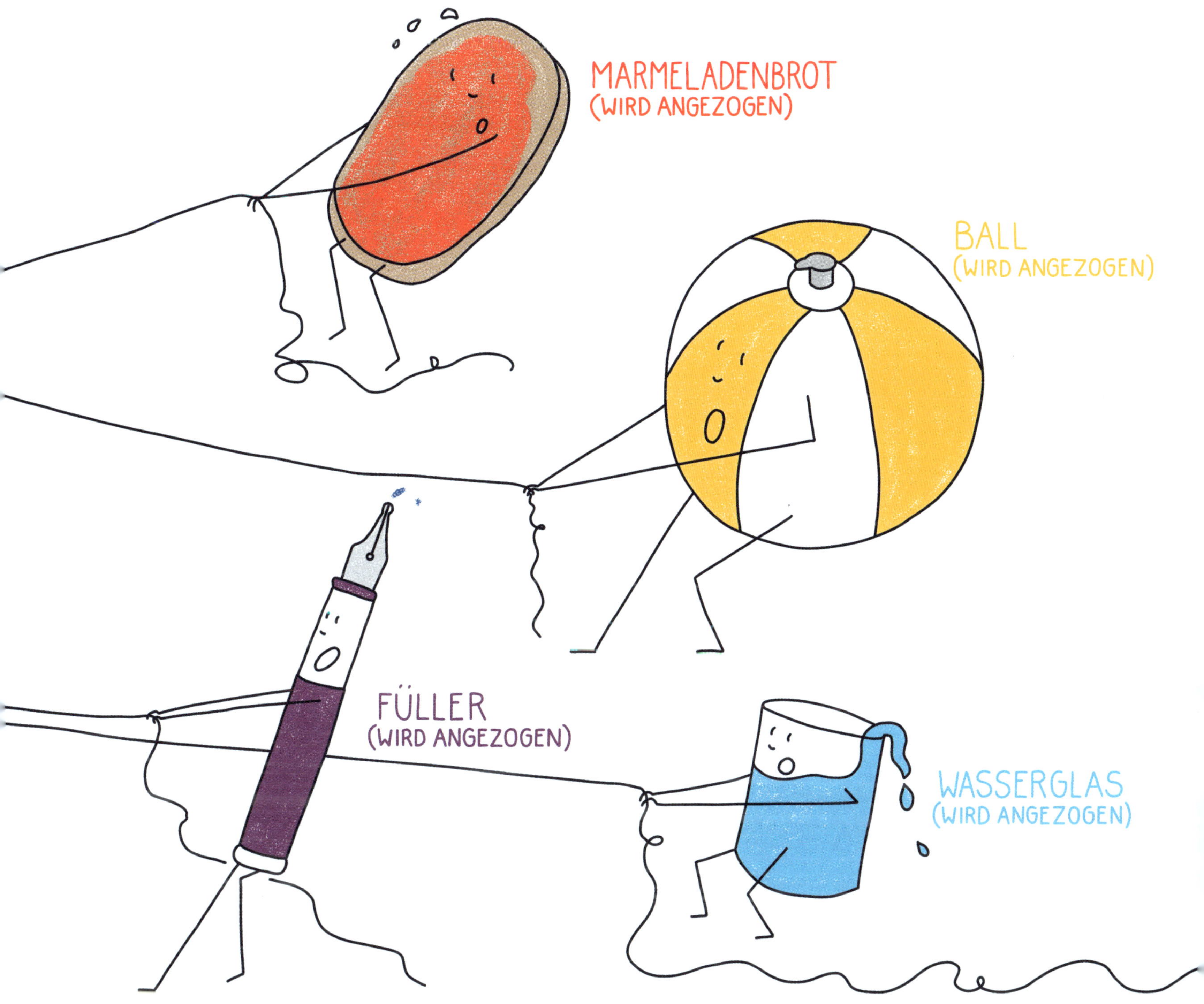

Für ihr Anziehen braucht die Erde kein Seil. Sie zieht einfach so! Und wir? Wir können auch ganz ohne Seil sehen, wie superstark die Erde anziehen kann. Weißt Du, woran? Am Marmeladenbrot. Denn wenn Du das nicht richtig festhältst, fällt es auf den Boden. So stark zieht die Erde das Marmeladenbrot an. Und sie zieht auch am Wasserglas. Am Füller und am Ball. Einfach alles zieht sie an. Und unsere Luft-Hüllen-Atmosphäre, die wird auch von der Erde angezogen. Deswegen fliegt sie uns auch nicht weg!

Aber weißt Du was? Dein Marmeladenbrot und die Staub-Mäuse-Wolken, die haben noch etwas gemeinsam. Und nicht nur die. ALLE, wirklich alle Tanz-Teilchen, ganz egal, ob sie in Wassermelonen-Luftballons oder in Badewannen, in Kühen oder in Krankenwagen, in Turnschuhen oder in Tannen tanzen – alle, wirklich alle, sind aus Bausteinen gebaut. ALLE!

BIBIBIBER: BITTE WAS? Auch Biber?

Ja, Biber auch!

BIBIBIBER: Und was ist mit Menschen? Menschen auch?

Ja, Menschen auch.

BIBIBIBER: Und Berge? So richtig, richtig hohe?

Ja, Berge auch. Auch richtig hohe.

BIBIBIBER: Alles die gleichen Bausteine???

Ja. Biber, Menschen, hohe Berge, Luft, Wasser – und sogar unsere Erde selbst. ALLES!!! Wirklich EINFACH ALLES ist aus den gleichen Bausteinen gebaut. Eigentlich können wir sie auch direkt so nennen: EINFACH-ALLES-Bausteine. Und so ist einfach alles auf dieser Welt ein Einfach-Alles-Baustein-Bauwerk. Und weil es sehr viele unterschiedliche Bausteine gibt und sehr viele unterschiedliche Möglichkeiten, diese Bausteine zusammenzubauen, sind all die Einfach-Alles-Baustein-Bauwerke alle sehr unterschiedlich.

Vielleicht hast Du schon mal gesehen, dass Menschen so Bausteine haben zum Spielen. Bausteine in bunten Farben und unterschiedlichen Größen mit unterschiedlich vielen Steck-Noppeln, die wir zusammenstecken und so Dinge daraus bauen. Ein bisschen so kannst Du Dir die Einfach-Alles-Bausteine auch vorstellen. Und so, wie die Spielzeug-Bausteine unterschiedliche Größen und Formen haben, so ist das mit unseren Einfach-Alles-Bausteinen auch.

Wir wissen aktuell von 118 unterschiedlichen Einfach-Alles-Bausteinen. Die einen sind größer, die anderen kleiner, manche haben mehr, andere weniger Steck-Noppel. So lassen sich aus ihnen ganz unterschiedliche Baustein-Bauten zusammenbauen. Je nach Größe und Steck-Noppel haben sie eine Zahl und sie haben auch Namen (stehen in Farbe drüber) und Spitznamen – das sind die Buchstaben auf den Bausteinen. Komm, wir zeichnen sie Dir mal auf.

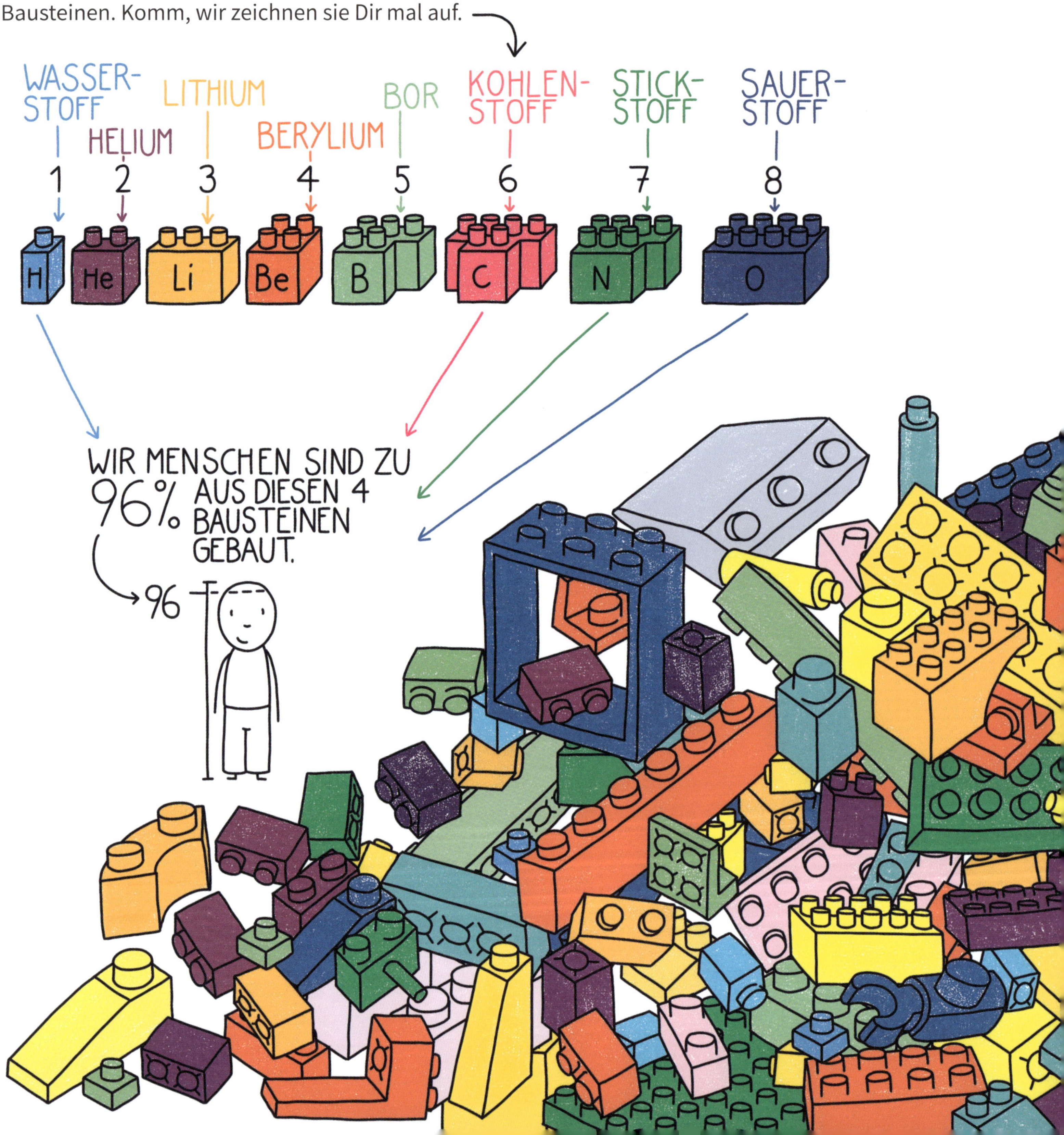

Wenn wir die gleichen Bausteine unterschiedlich zusammenbauen, kommen ganz unterschiedliche Baustein-Bauwerke raus. Mit dem kleinen H-Baustein alleine können wir nicht so viele Bauwerke bauen. Auch mit dem O-Baustein alleine nicht. Aber wenn wir 2-mal H-Bausteine und 1-mal O-Baustein zusammenstecken, dann kommt da ein super Baustein-Bauwerk raus: WASSER!!! Deswegen kann man Wasser auch H_2O nennen. Es ist quasi wie eine Baustein-Bauanleitung: H nehmen wir 2-mal, O (weil keine Zahl dahintersteht) 1-mal. Und zack: WASSER!!!

H_2O = WASSER (BAUSTEIN-BAUWERK-NAME)

Wenn Du also irgendwo mal was von CO_2 hörst, dann weißt Du jetzt: Ah, das ist eine Baustein-Bauanleitung! 1-mal C-Baustein (weil dahinter keine Zahl steht) und 2-mal O-Bausteine (weil dahinter 2 steht) ergeben das Baustein-Bauwerk: KOHLENDIOXID, oder, wenn Du den Baustein-Bauanleitung-Namen verwenden willst: CO_2.

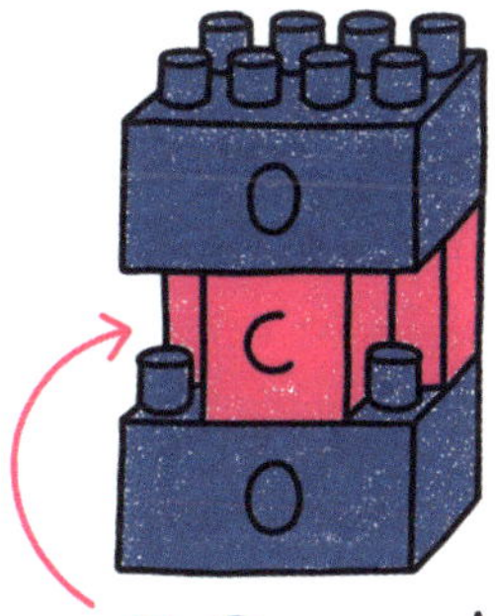

CO_2 = KOHLENDIOXID (BAUSTEIN-BAUWERK-NAME)

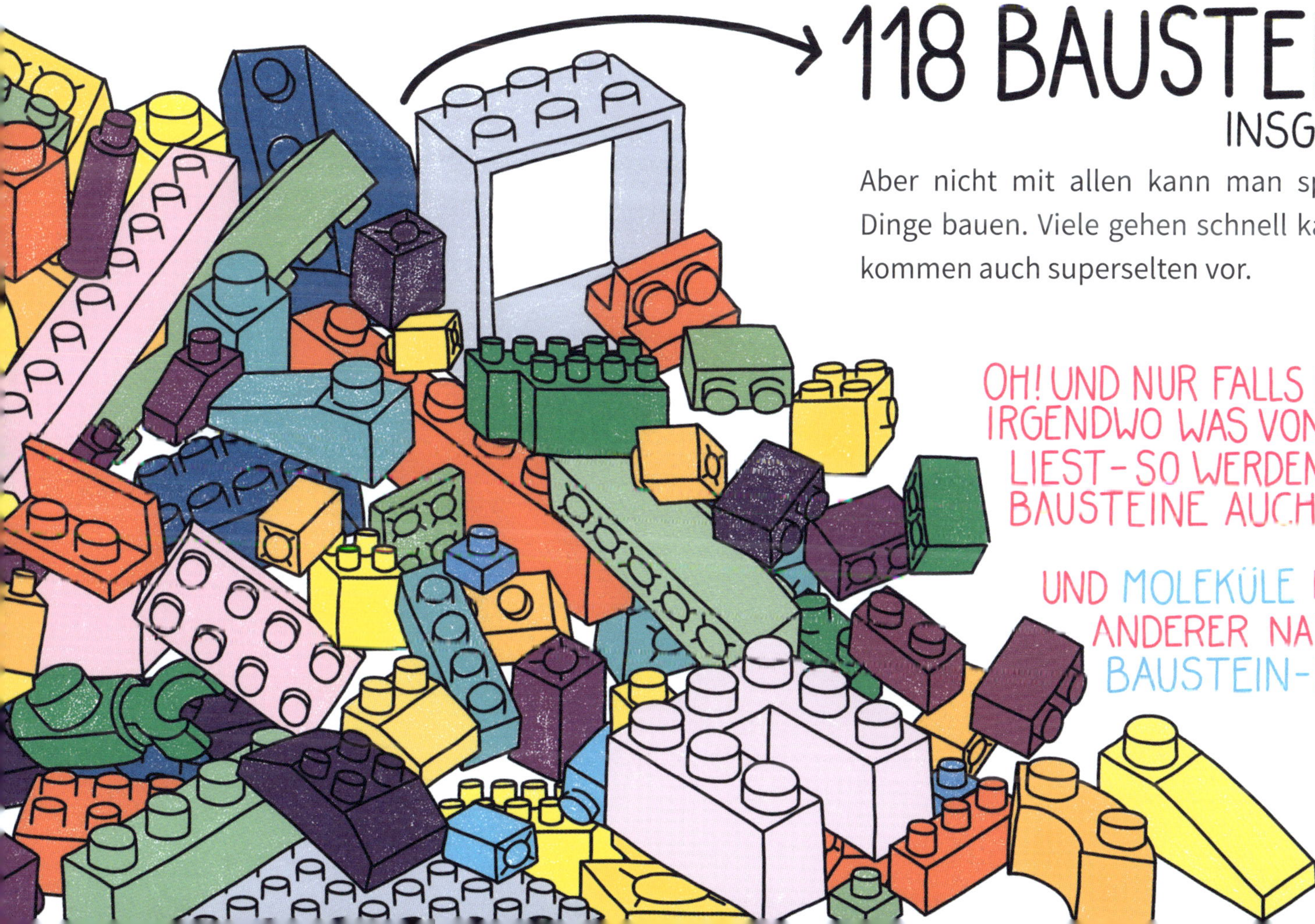

118 BAUSTEINE INSGESAMT

Aber nicht mit allen kann man spannende Dinge bauen. Viele gehen schnell kaputt und kommen auch superselten vor.

OH! UND NUR FALLS DU MAL IRGENDWO WAS VON ATOMEN LIEST – SO WERDEN UNSERE BAUSTEINE AUCH GENANNT.

UND MOLEKÜLE IST EIN ANDERER NAME FÜR BAUSTEIN-BAUWERKE.

Und weißt Du was? So, wie wir alles, was wir aus den Spielzeug-Bausteinen gebaut haben, danach auch wieder auseinanderbauen können. So, wie all die Tiere und Türme, Burgen und anderen Zimmer-Baustein-Bauten nach dem Auseinanderbauen weg und die Spielzeug-Bausteine noch da sind – und zu neuen Bauten zusammengebaut werden können. Genau so ist das mit den Einfach-Alles-Bausteinen auch.

Die Bauwerke sind vergänglich, die Bausteine aber nicht. Also, während auf dieser Welt alle Einfach-Alles-Baustein-Bauwerke immer wieder auseinandergebaut werden und aus ihren Einfach-Alles-Bausteinen Neues entsteht, sind die Einfach-Alles-Bausteine selbst immer noch genau dieselben wie am Anfang. Also am Anfang der Erde.

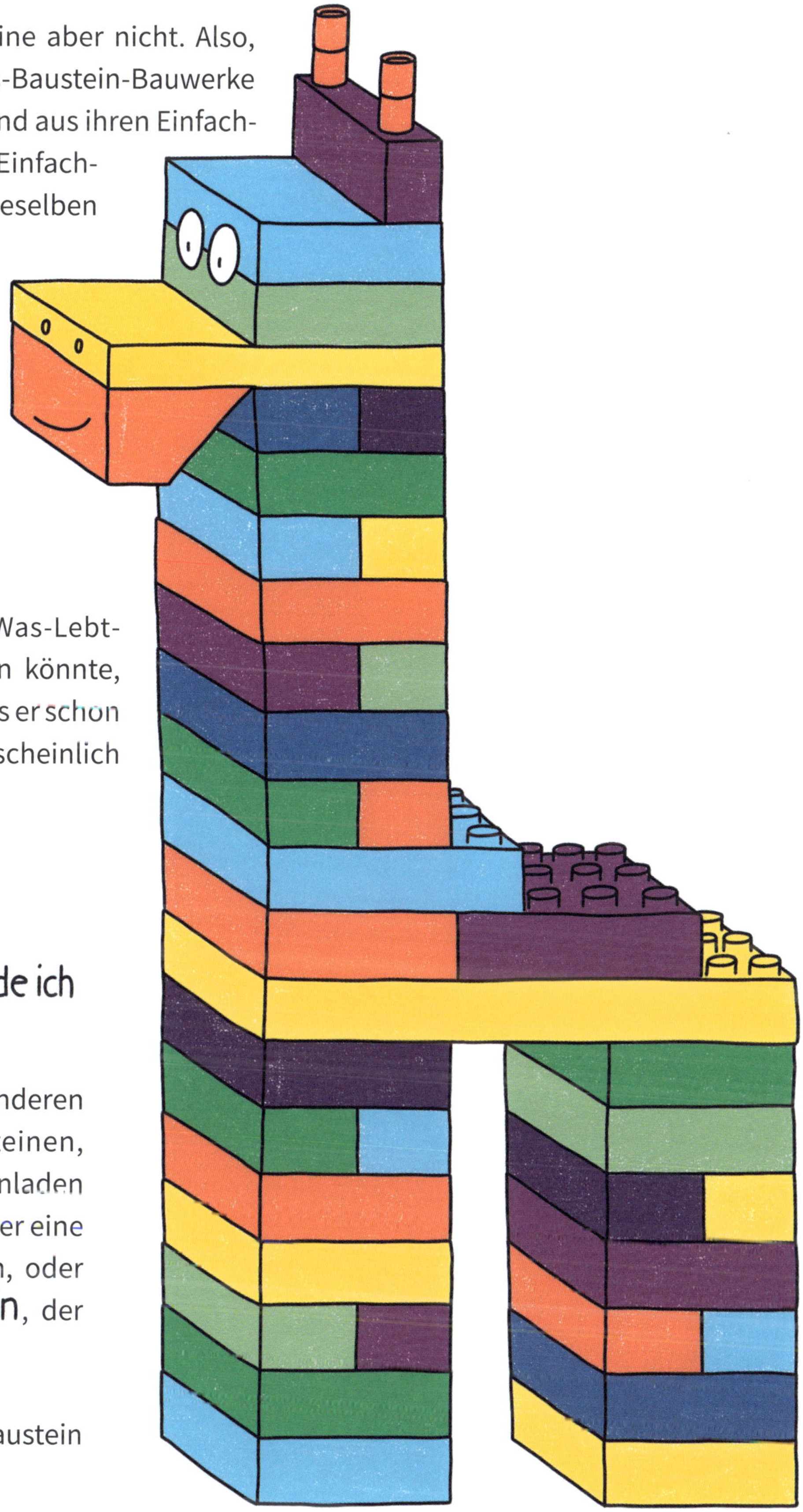

Und einer dieser Einfach-Alles-Bausteine, der schon von Anfang an dabei ist, der ist ein ganz besonderer Einfach-Alles-Baustein. Denn alles, was lebt, basiert auf ihm. Dieser sehr besondere Einfach-Alles-WAS-LEBT-Baustein heißt KOHLENSTOFF.

Und wenn uns einer dieser Einfach-Alles-Was-Lebt-Kohlenstoff-Bausteine Geschichten erzählen könnte, Geschichten über alles, was er schon war, was er schon gesehen und erlebt hat – das wären wahrscheinlich phantastische Geschichten!

BIBIBIBER: OH! So eine Geschichte würde ich supergerne hören!

Okay. Sagen wir mal, unter all unseren besonderen Einfach-Alles-Was-Lebt-Kohlenstoff-Bausteinen, da wäre einer dabei, den wir zum Essen einladen könnten. Wir würden lecker kochen und dieser eine Einfach-Alles-Was-Lebt-Kohlenstoff-Baustein, oder wie wir ihn nennen dürfen: BaBaBaustein, der würde uns seine Geschichte erzählen.

Dann könnte diese Geschichte von BaBaBaustein ein bisschen so klingen …

DIE PHANTASTISCHEN ABENTEUER DES
BaBaBaustein
Zurzeit bin ich ein Ackerboden-Löwenzahn, das fühlt sich richtig witzig an.
Davor war ich ein Wasservogel-Pelikan, so einer, der fette Fische fangen kann.
Wieder davor war ich ein Klumpen Lehm, das war eigentlich ganz angenehm.
Daraus bauten Menschen einen Turm. So stand ich da. Bei Wind und Sturm.
War echt 'ne ziemlich lahme Zeit, zum Glück war ich davor ein Abendkleid. Als klitzekleiner Leinen-Faden war ich auf feine Feste eingeladen.
Und einmal, das war richtig krass, da war ich eine Ananas!
Innen war ich saftig und zart, nicht so wie davor, da war ich knochenhart - ein Leopard.
Oh, und davor, da bin ich echt ein wenig stolz, da war ich Haselfichten-Holz. Daraus schnitzten Menschen eine Bratsche, die 300 Jahre Töne machte.
Ich zog eine Kutsche als weißes Pferd...
... und war ein Ritter-Mensch mit Schwert.
Ich war ein dunkelgrünes Emu-Ei...

Ach so, ja, doch. Das stimmt. Haben wir ja noch gar nicht erzählt. Unsere Einfach-Alles-Was-Lebt-Kohlenstoff-Bausteine, die kommen aus dem Universum. Genauer gesagt: Sie werden in Sternen gemacht.

BIBIBIBER:
WAAAAAAAAS?
Und das erzählt Ihr so nebenbei? Also, Moment. Die Bausteine, aus denen irgendwann mal Quallen waren und vielleicht ein T.rex und eine Ananas und sogar ICH, die kommen aus dem Universum? Die werden in Sternen gemacht?

Ja!!! Weißt Du noch, als wir ganz am Anfang vom Buch gesagt haben, auf der nächsten Seite ist nichts? Aber eigentlich war dann ja doch nicht NICHTS? Weil die Seite noch da war. Und das Buch. Und Du. Und die Luft. Ganz am Anfang, also nicht am Anfang von diesem Buch, sondern ganz am Anfang von EINFACH ALLEM. Am Anfang von unserem Universum, da war wirklich NICHTS. Kein Raum. Keine Zeit. Kein GAR NICHTS!

Irgendwie können wir uns das GAR NICHTS gar nicht richtig vorstellen. Und dass aus diesem GAR NICHTS dann EINFACH ALLES entstanden ist. Unser ganzes Universum. Das können wir uns auch gar nicht richtig vorstellen, aber wir finden es superspannend, darüber nachzudenken. Am liebsten gemeinsam mit anderen Menschen, während wir auf einer Decke liegen und in den Sternenhimmel schauen. Dann fragen wir uns, wo es wohl hergekommen ist, unser Universum. Ob es vorher schon andere Universen gab. Und wie es wohl dazu kam, dass plötzlich aus diesem EINFACH GAR NICHTS vor so langer Zeit EINFACH ALLES entstand. Soweit wir wissen, war ja nicht erst ein bisschen Universum da – und dann kam nach und nach immer mehr dazu. Nein, erst war da GAR NICHTS. Und dann war da ALLES. Da kann man schon so einige Nächte auf Decken unterm Sternenhimmel liegen und nachdenken.

BIBIBIBER: Darf ich mich da mal dazulegen? Weil ich hab jetzt auch so einige Fragen im Kopf. Zum GAR NICHTS. Und zum PLÖTZLICH-DA-UNIVERSUM. Aber wenn Ihr da schon länger drüber nachdenkt, habt Ihr denn auch schon so richtige Antworten gefunden?

So richtig-richtige Antworten haben wir nur diese eine:

Wir wissen es nicht. Wir nicht. Und auch sonst niemand. Selbst die aller-allerschlausten Menschen der Welt wissen das nicht. Wir haben ganz viele Ideen. Und viele Menschen suchen ihr ganzes Leben nach Antworten. So wie Du immer weiter und weiter Fragen stellst, fragen und forschen auch sie immer und immer weiter. Aber bisher wissen wir nur, dass wir es nicht wissen. Alles, was wir wissen, deutet darauf hin, dass das Universum am Anfang nicht so unvorstellbar riesig groß war, wie es heute ist. Sondern unvorstellbar winzig klein. Einfach alles war unvorstellbar nah beieinander. Und dann hat sich in einem superkrass schnellsten miniminimini-klitzekleinen Bruchteil einer Sekunde alles explosionsartig ausgeweitet und aufgeblasen. Wir nennen das den URKNALL. Viele denken, der URKNALL war nicht nur explosionsartig-schnell, sondern eine richtige Explosion. Aber das stimmt nicht. Der Urknall war eher ein Aufblasen. Ein explosionsartig-superkrass-schnelles. Aber eben ein Blasen. Und kein Explodieren.

BIBIBIBER: So wie bei einer Kaugummi-Blase?

Ja, ein bisschen. Aber halt wie die größte Kaugummi-Blase des Universums. Weil die Blase selbst das Universum ist. Oder wie bei einem Luftballon.

Wenn wir auf unseren unaufgeblasenen Wassermelonen-Luftballon Punkte malen, dann sind die ziemlich nah aneinander. Wenn wir den Luftballon dann aufblasen, rutschen die Punkte immer weiter voneinander weg. So, nur halt in sehr viel größer und sehr viel schneller, war das beim Urknall auch. Erst war alles sehr klein und sehr nah. Und dann weitete sich das Universum aus und alles rutschte weiter auseinander.

BIBIBIBER: Ist unser Universum innen hohl? Wie ein Luftballon? Oder die Kaugummi-Blase?

Nein. Das mit dem Luftballon und dem Kaugummi funktioniert nur für das Aufblasen. Das Universum ist aber eher wie ein Teig, der aufgeht und immer größer wird. Innendrin sind Rosinen. Oder Schokostückchen. Die sind im Teigklumpen auch nah aneinander. Und je mehr sich der Teig ausdehnt, desto weiter rutschen sie voneinander weg. In unserem miniminimini-klitzekleinen Universums-Teig, da waren aber natürlich keine Rosinen oder Schokostückchen. Sondern Teilchen.

3 Minuten nach dem Urknall waren die ersten Baustein-Körper da. Aber nur die Körper. Ganz ohne Noppel, daher konnten sie auch noch nichts bauen.

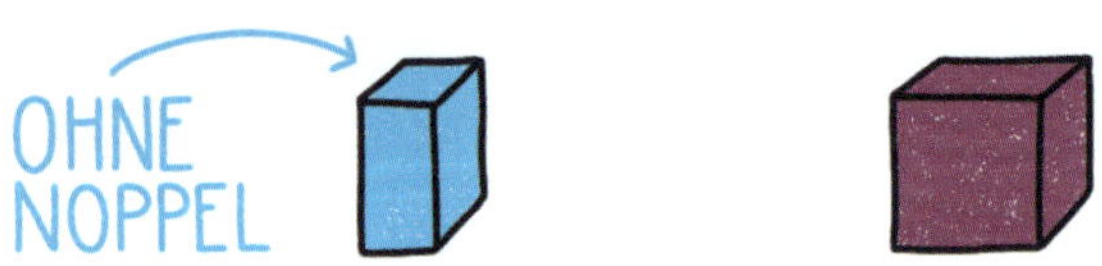

380.000 Jahre später waren sie dann da. Die ersten Bausteine mit Noppel. Es waren die kleinsten Bausteine, die wir kennen. Wasserstoff. Und Helium.

Zu dieser Zeit war es in unserem Universum noch richtig dunkel. Denn selbst wenn der Universums-Teig schon seeeeeeeehr viel größer war, war er immer noch ganz schön dicht und alles war noch immer ziemlich eng beieinander. Wenn wir uns in einer Gruppe sehr eng aneinander gekuschelt vor ein Fenster stellen, kommt da ja auch kein Licht durch. Aber es gab noch einen Grund, weshalb es so dunkel war: Es gab noch keine Sterne.

Die gab es erst nach 200 Millionen Jahren. Und was für Sterne das waren!!! Sie waren GIGANTISCH!!! Unglaublich groß. Und unvorstellbar hell. 30- bis 300-mal größer als unsere Sonne! Und MILLIONENFACH heller als sie!!!

BIBIBIBER: Moment! Was hat denn unsere Sonne jetzt mit Sternen zu tun?

Unsere Sonne, die ist ein Stern!!! Alle Sonnen sind Sterne. Und alle Sterne sind Sonnen. Unsere Sonne ist für uns aber ein ganz besonderer Stern. Weil kein anderer Stern so nah an uns dran ist und unser Sonnen-Stern ja so viel schwerer ist als die Erde und uns daher ganz fest anzieht. Und trotzdem ist sie im Vergleich mit anderen Sternen gar nicht so schwer und riesig. Deswegen wird sie auch als Zwergstern bezeichnet. Und die Sterne, die damals 200 Millionen Jahre nach dem Urknall entstanden und Licht ins Universum brachten, die waren wirklich alles andere als zwergen-klein.

Wenn Sterne sehr groß sind, leben sie nicht so lang. Wobei „nicht-so-lang“ bei Sternen schon ziemlich lang ist. Ein Stern, der 10-mal so groß ist wie unsere Sonne, lebt „nur“ ungefähr 20 Millionen Jahre. Unsere Sonne lebt 500-mal länger als so ein großer Stern. Und wenn ein so großer Stern stirbt, dann – na ja – dann stirbt er eigentlich gar nicht. Er verwandelt sich vielmehr. Erst wird er noch mal größer. Und wächst zu einem sogenannten „Roten Über-Riesen“.

Und dann? Dann explodiert er. Und bei dieser Sternen-Explosion, die wir „SUPERNOVA“ nennen, wird alles, woraus er mal war, in einer riesengroßen Sternenstaubwolke ins Universum geschleudert.

Dann gibt es noch kleinere Sterne, wie unsere Sonne. Die wachsen nicht zu einem „Roten Über-Riesen“, sondern nur zu einem „Roten Riesen“. Und diese „Roten Riesen“ explodieren nicht, sondern lösen sich auf. In Nebel, der ein bisschen aussieht wie ein Traum aus Farben und Formen. In der Mitte von diesem Nebel, da bleibt ein kleiner Stern-Rest zurück. Den nennen wir „Weißer Zwerg“. Er leuchtet immer und immer weniger, bis er irgendwann komplett erlischt. Dann wird er dunkel und ab jetzt „Schwarzer Zwerg“ genannt.

So lassen Sterne, wenn sie sterben, einfach überall im Universum Sternenstaubwolken zurück. Mal traumhaft-nebelig. Mal Supernova-explosiv. Und irgendwo in einer dieser Sternenstaubwolken, da hätte auch unser BaBaBaustein durchs Universum fliegen können.

BIBIBIBER: Und ist BaBaBaustein auch einfach so aufgetaucht? Wie das Universum? Ohne, dass wir wissen, warum und woher?

Nein. Beim BaBaBaustein wissen wir, wo er herkam. Aus einem Stern kam er. Denn er wurde in einem Stern geboren. Und die Geburtsstunde von BaBaBaustein, das war wahrscheinlich eine der wildesten Partys im ganzen Universum!!! Eine Party mittendrin im Kern der Sterne. Der einzige Ort, an dem unsere Einfach-Alles-Bausteine so unfassbar wild feiern, dass sie nicht nur mit krachendem Karacho gegeneinander knallen, sondern dabei sogar verschmelzen!

Und weil Du ja gefragt hast, warum Sterne leuchten, müssen wir Dir unbedingt mehr von dieser Party erzählen. Und auch, wie es überhaupt zu diesen Partys kommt.

In unserem Universum ist keine Luft. So ähnlich wie in unserer Luft-Raus-Glas-Kiste. Aber zwischen all den Sternen in den dunklen Stellen auf unserer Milchstraße ist trotzdem NICHT NICHTS!!! Megariesige Mengen Gas und superviele Staubteilchen wuseln dort herum. An manchen Stellen, da wuseln Gas und Staubteilchen enger aneinander. Hier entstehen dunkle Wusel-Wolken. Ein bisschen so wie die Staub-Mäuse-Wolken in der Zimmerecke. Nur, dass die Staubteilchen im Universum viel kleiner sind als die in unserer Wohnung. Wirklich unglaublich klitze-klitze-klitzeklein sind die. Nur 0,000001 Zentimeter-Durchmesser-klitzeklein.

Das Gas in den Wusel-Wolken ist auch aus klitzekleinen Teilchen. Zum größten Teil ist es aus minikleinen Baustein-Bauwerken, die nur aus 2 Bausteinen bestehen, den kleinsten Bausteinen von allen: unseren H-Bausteinen. Also Wasserstoff.

Diese dunklen Wusel-Wolken ziehen immer mehr klitze-klitze-klitzekleine Staubteilchen und kleine H_2-Baustein-Bauten an, so viele, dass so eine Wusel-Wolke immer größer und größer und größer wird. So viel größer sogar, dass die Wusel-Wolke sich irgendwann nicht mehr tragen kann und an ihrem eigenen Gewicht zusammenbricht. Dabei zerfällt sie in viele Stücke.

In diesen Stücken rotten sich dann die Gas-Teilchen immer dichter und dichter zusammen, bis es aussieht wie eine Kugel. Und was machen sie da, unsere Gas-Teilchen? Wild und mit sehr viel Krabumms?

BIBIBIBER: SIE TANZEN. SIE TOBEN. SIE TOBE-TANZEN!!!

Genau. Und wie sie tobe-tanzen!!! Im Zentrum der Kugel, da tobt die wildeste Party des Universums. Die Teilchen-Partys, die wir von der Erde kennen, sind eine lahme Schunkelveranstaltung dagegen! Hier rasten unsere H_2-Baustein-Bauten vollkommen aus!!! So sehr, dass die Steck-Noppel sie nicht mehr zusammenhalten können und sie auseinanderfallen. Dann krachen die Bausteine mit so krassem Krawall-Krabumms gegeneinander, dass die Party-Temperatur auf rund 10 Millionen Grad ansteigt.

BIBIBIBER: KLARO! BEWEGUNG IST WÄRME!!!

Genau. Und die Wärme hier ist wirklich heftig heiße Hitze! Immer und immer wieder kracht es. Karacho! Krawall!! KRABUMMS!!! Und dann passiert es. Mitten auf der Tanzfläche, da knallen vier kleine H-Bausteine ineinander – und VERSCHMELZEN. Zu einem komplett neuen Baustein:
He. Also Helium.

Und jetzt geht auf der Tanzfläche die große Verschmelzungs-Party los!!! Immer und immer wieder knallen Bausteine mit krachendem Krabumms ineinander und verschmelzen. Bei dieser Verschmelzung entsteht so unfassbar viel Party-Krabumms, so unfassbar viel Krabumms-Energie, dass die Tanzfläche der Gaskugel sich entzündet und brennt. Und das, das ist die Geburtsstunde eines Sterns.

Sterne, die noch jung sind, verschmelzen auf ihren Partys erst mal Wasserstoff, also unsere H-Bausteine, in Helium, also in He-Bausteine. Wenn die Sterne älter sind und weiter feiern, hören sie da aber nicht auf. Wenn auf der Sternen-Tanzfläche kein Wasserstoff mehr da ist, wenn also alle H-Bausteine im Stern-Inneren weggeschmolzen sind, kommen größere Bausteine dran. Und weißt Du, was nach dem Wasserstoff-Zu-Helium-Verschmelzen auf der Tanzfläche entsteht?

Kohlenstoff! Also, unsere C-Bausteine, wie auch BaBaBaustein einer ist.

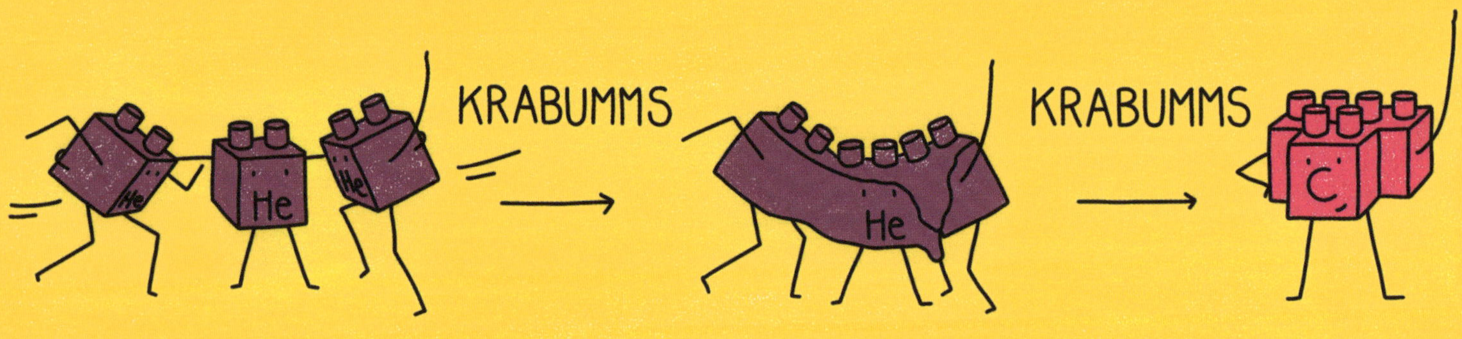

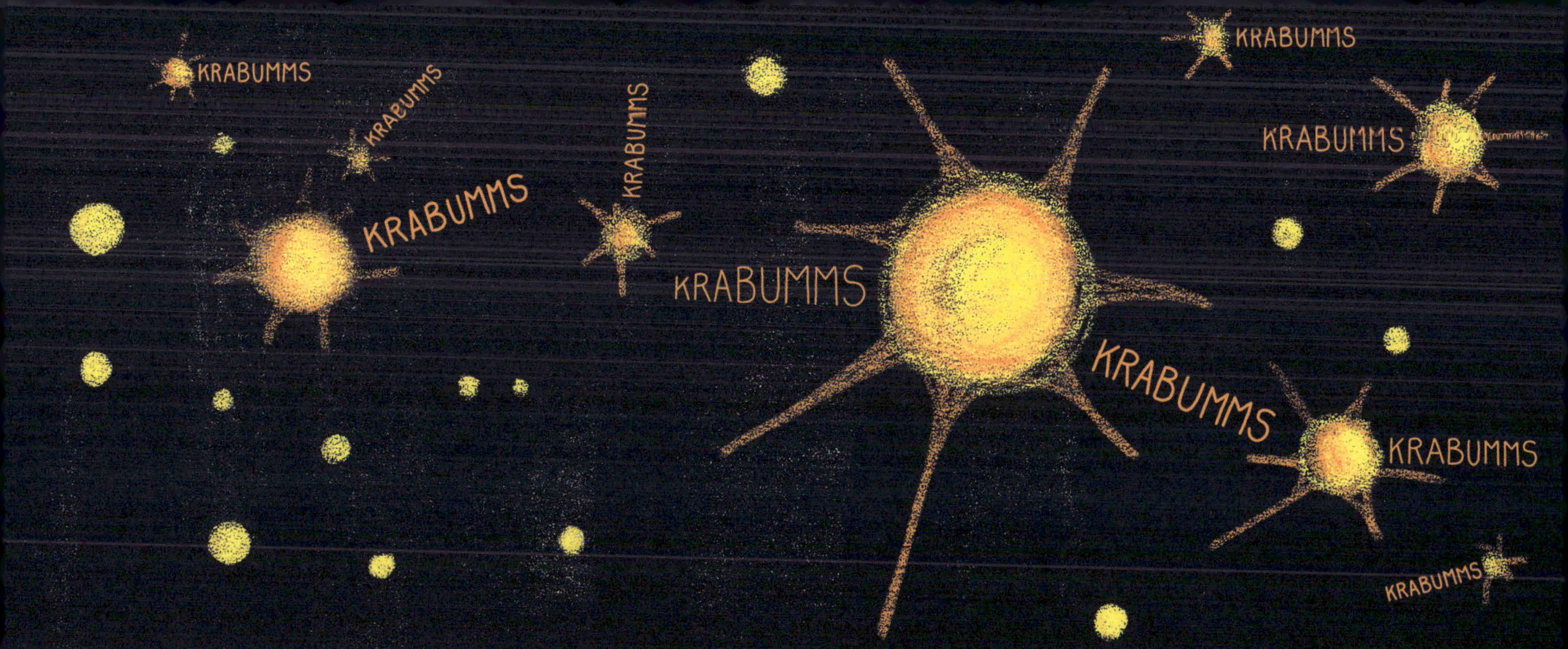

BIBIBIBER: BOA! Also sind Sterne leuchtende Verschmelzungs-Partys im Universum?

JA!!! Deswegen leuchten Sterne!!! Ein Stern ist eine brennende Gaskugel, in der durch die krasseste Verschmelzungs-Party im ganzen Universum unvorstellbar viel Krabumms-Energie entsteht. Und wir? Wir sehen diese Sternen-Verschmelzungs-Party-Krabumms-Energie, wenn wir nachts in den Himmel schauen. Denn die Sterne schicken sie als Leuchten in den Weltraum. Aber weißt Du was? Manche dieser Sternen-Partys sind schon lange vorbei.

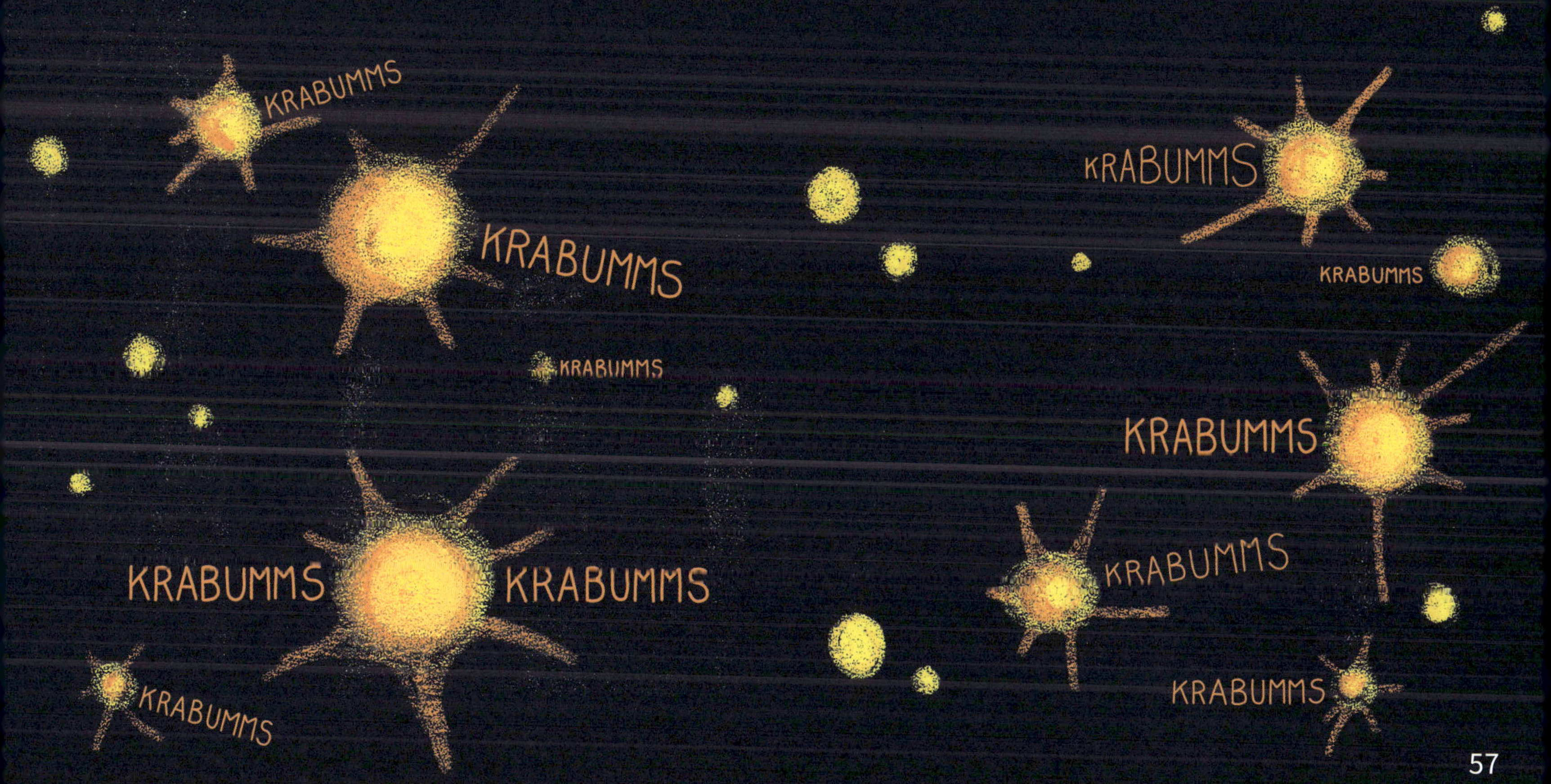

Du kannst Dir das ein bisschen so vorstellen, als würde sich die Sternen-Verschmelzungs-Party-Krabumms-Energie als Leuchte-Licht auf eine Reise machen. Das Leuchte-Licht reist vom Party-Stern durch das Universum zu uns. Und dabei ist es unfassbar schnell! Denn Licht ist das Schnellste, was wir kennen. NICHTS, wirklich GAR NICHTS auf der Welt und im ganzen Universum, ist so schnell wie Licht-Geschwindigkeit.

Wenn sich das Leuchte-Licht der Sonne auf die Reise zur Erde macht, dann braucht es für diese Reise etwa 8 Minuten.

8 Minuten für eine Strecke von ungefähr 150 Millionen Kilometern!!! Das ist wirklich sensationell schnell. Ganz einfach, weil nichts, was im Universum Leuchte-Licht macht, so nah an uns dran ist wie die Sonne. Daher ist kein anderes Leuchte-Licht aus dem Universum eine so kurze Reise-Zeit von uns entfernt. Kein anderes Leuchte-Licht kommt so frisch und jung bei uns an wie die Lichtstrahlen der Sonne.

Das Leuchte-Licht, das wir nachts von den Sternen im Himmel sehen, das ist im Vergleich dazu richtig superalt! Einfach, weil die Party-Sterne so weit weg sind, dass das Party-Leuchte-Licht eine lange Reise hinter sich hat, wenn es bei uns ankommt. Manchmal ist das Party-Sternen-Leuchte-Licht wirklich schon so alt und so lange auf seiner Reise, dass der Party-Stern, von dem es kommt, schon gar nicht mehr feiert. Weil er schon in einer Supernova explodiert oder erloschen ist.

Stell Dir vor, das Party-Leuchte-Licht wäre eine leuchtende Postkarte, die uns die Party-Sterne schicken. Die Leucht-Postkarte der Sonne wäre in 8 Minuten bei uns. Das heißt, wir wüssten durch die Leucht-Postkarte, was bei der Sonne vor 8 Minuten los war. Die Leucht-Postkarten der Sterne, die so superweit weg sind, die brauchen aber sehr, sehr lange, bis sie bei uns angekommen sind. Und bis sie bei uns sind, da hat sich auf dem Stern einiges verändert. So viel, dass er vielleicht schon gar nicht mehr da ist. Also sind viele der Leucht-Postkarten eine Grußbotschaft aus der Vergangenheit.

BIBIBIBER: Glaubt Ihr, dass es irgendwo da draußen Aliens gibt, die sich auch über Leuchte-Postkarten von Party-Sternen freuen?

Weißt Du, es gibt so vieles über das Universum, was wir noch nicht wissen. Wir, aber auch Menschen, deren Beruf es ist, das Universum zu erforschen. Sie wissen schon wahnsinnig viel, aber gleichzeitig wissen sie auch wahnsinnig viel noch nicht.

So, wie bei der Entstehung von unserem Universum, haben wir auch hier noch keine Antwort. Also, wir haben schon eine Antwort, aber die Antwort ist halt mal wieder: Das wissen wir noch nicht.

Die Frage, ob da draußen im Universum Aliens leben, ist auch so eine dieser Wissen-Wir-Noch-Nicht-Fragen. Wir wissen noch nicht einmal ganz genau, wie viele Sterne es im Universum gibt – also, wie viele Sonnen-Sterne im Universum sind, um die sich Planeten drehen, auf denen dann vielleicht Aliens zu Hause sein könnten. Wir haben nur Vermutungs-Antworten. Wir vermuten, dass es im Universum 10 hoch 24 Sterne gibt. Eine Quadrillion!!! Das ist eine 1 mit 24 Nullen: 1000000000000000000000000. Und wenn man sich das mal vorstellt, ist es eigentlich sehr, sehr unwahrscheinlich, dass es kein anderes Leben gibt. Noch haben wir unter all den Planeten, von denen wir sicher wissen, im ganzen Universum keinen anderen gefunden, der so viel Glück hatte wie wir. So viel Glück, dass so viele Zufälle zusammengekommen sind und es jetzt hier so toll ist. So, so toll, dass Leben entstehen konnte und auch überleben kann.

Aber wir suchen weiter nach Antworten und nach anderen Planeten, auf denen sich vielleicht auch irgendein lebendes Wesen fragt, warum Sterne eigentlich leuchten … und vielleicht in diesem Moment eine Leucht-Postkarte bestaunt, die davon berichtet, dass es unsere Erde gibt.

YAY!
AN: ALIENS VON: ERDE
HALLO, ICH BIN DIE ERDE. HAB WASSER

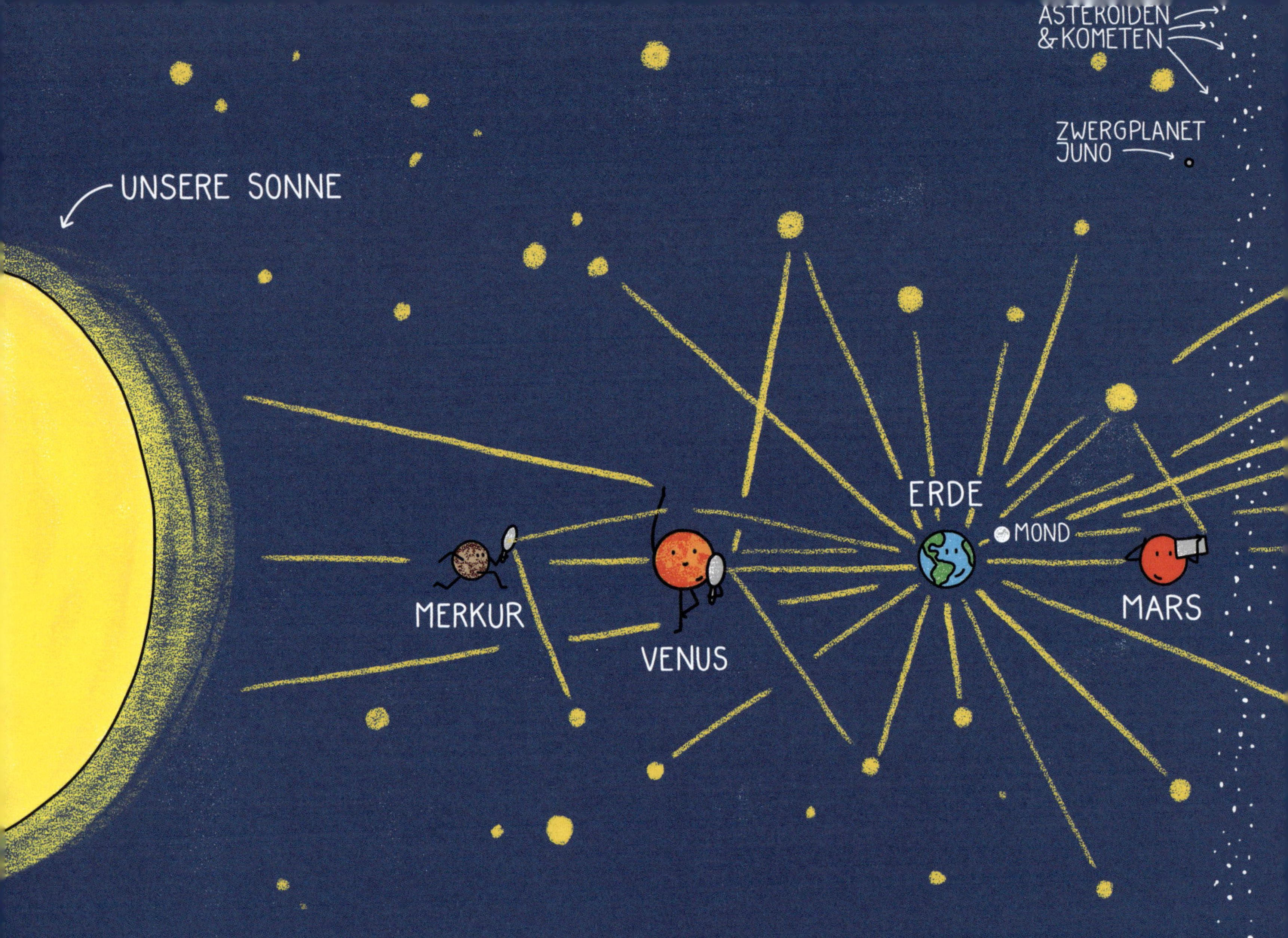

BIBIBIBER: Aber wie könnten sie denn überhaupt eine Postkarte bekommen, die ihnen etwas über die Erde erzählt? Die Erde ist doch kein Stern, sondern ein Planet, und ich dachte, nur Sterne können leuchtende Verschmelzungs-Partys feiern?

Ja, das stimmt, das können nur Sterne. Aber das Leuchte-Licht der Sterne, das strahlt auf alles, was in ihrer Nähe ist, also auch auf die Planeten. Und die reflektieren dann das Licht – ein bisschen so wie ein Spiegel. Wenn wir in den Himmel schauen, können auch wir solche Licht-Planeten-Spiegelungen sehen. Manchmal spiegeln sie sogar so hell, dass wir sie tagsüber bestaunen können. Die Venus ist unsere Planeten-Nachbarin. Und weil sie so nah an uns dran ist, ist sie der größte Sonnen-Leuchte-Licht-Spiegel an unserem Himmel.

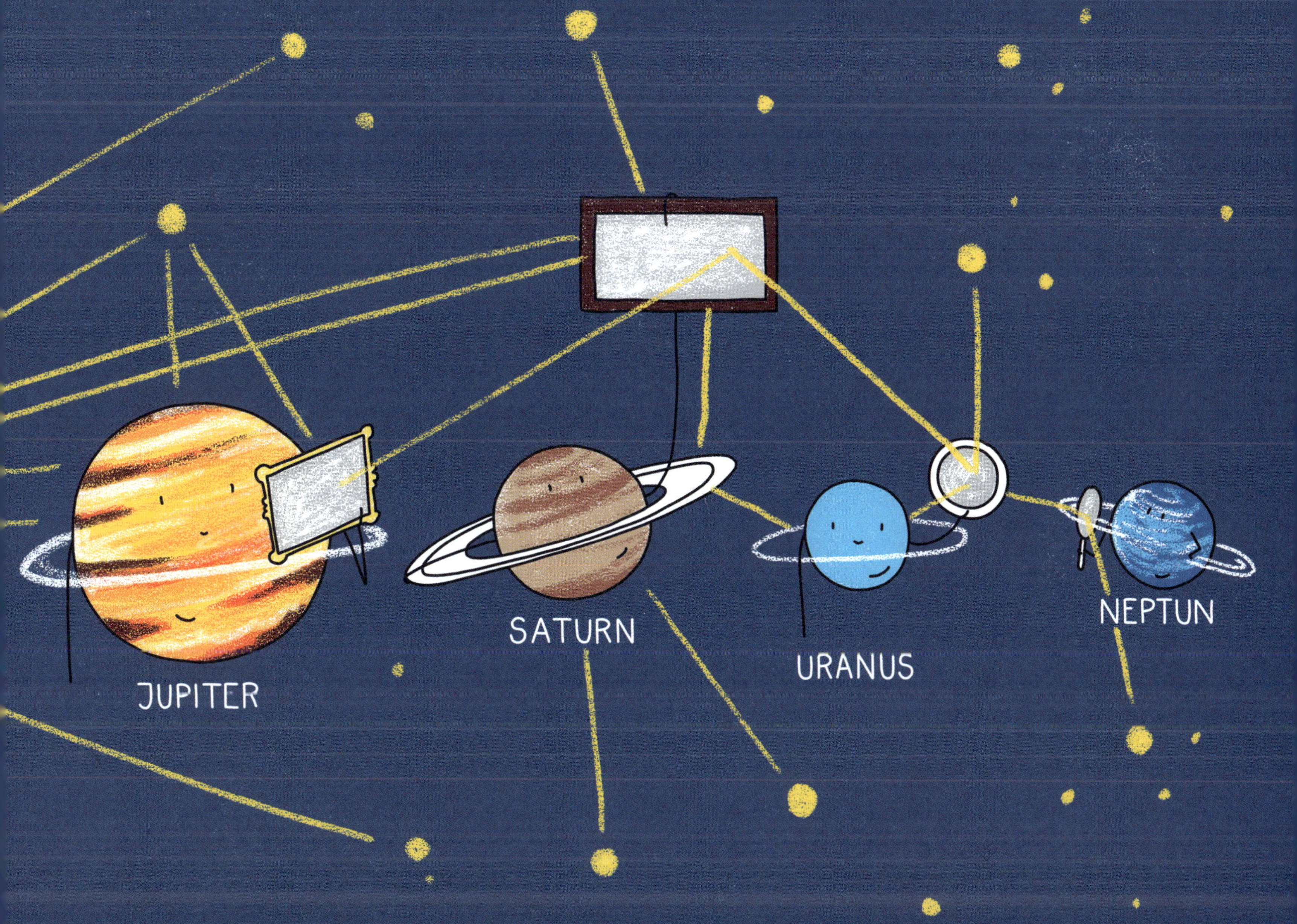

Ihr Spiegel-Leuchten ist sogar so hell und groß, dass wir es manchmal auch morgens noch leuchten sehen. Deswegen wird die Venus auch „Morgenstern" genannt, obwohl sie gar kein Stern ist. Sondern ein Planet. Wie unsere Erde.

Wir sehen also das Leuchte-Licht der Sterne (das flackert ein bisschen). Und wir sehen das Spiegel-Licht von Planeten (das flackert nicht so).

Aber nicht nur Planeten spiegeln das Leuchte-Licht der Sterne. Wir auf der Erde haben sogar einen ganz besonders großen Leuchte-Spiegel. In unserem Himmel spiegelt keiner das Leuchte-Licht unseres Sonnen-Sterns so sehr wie er. Er ist kein Stern. Und kein Planet. Aber er ist ein wirklich supersensationeller Sternen-Leuchte-Licht-Spiegel:

UNSER MOND.

So hell spiegelt er das Licht der Sonne, dass wir bei einer wolkenlosen Vollmondnacht keine Taschenlampe brauchen, wenn wir unterm Sternenhimmel spazieren.

BIBIBIBER: Ich schwimme auch sehr gern im Mondlicht. Aber was ist der Mond, wenn er kein Planet ist und kein Stern? Und wo kommt er überhaupt her? Und die Venus-Nachbarin? Und all die anderen Spiegel-Planeten – und unsere Erde? Was ist mit der?

So viele Fragen. Komm, wir schreiben und zeichnen es Dir auf:

HALLO! ICH BIN EIGENTLICH GAR KEINE STERNSCHNUPPE. WEIL ICH KEIN STERN BIN. ICH BIN EIN KLITZEKLEINES STAUBKORN, DAS DURCHS WELTALL FLIIIIIIIIIIIIIIIIIIIIIIIIIIIIIIIIIIIIIIIIEGT.

Alles begann mit einer Supernova-Sternen-Explosion. Die setzte eine riesige Sternenstaubwolke frei, die fast nur aus Wasserstoff und Helium bestand. Fast, denn da war auch noch das, was der Stern davor auf seiner Verschmelzungs-Party geschmolzen hatte: Kohlenstoff-Bausteine. So wie BaBaBaustein. Zu dieser Supernova-Sternenstaubwolke kam dann noch der ganze Sternenstaub aus dem Universum. Und gemeinsam kuschelten sie sich zu einer riesigen Sternenstaubwolke zusammen. In dieser riesigen Sternenstaubwolke entstand ein neuer Stern. Ein ganz besonderer. Zumindest für uns. Denn dieser besondere Stern war unsere Sonne.

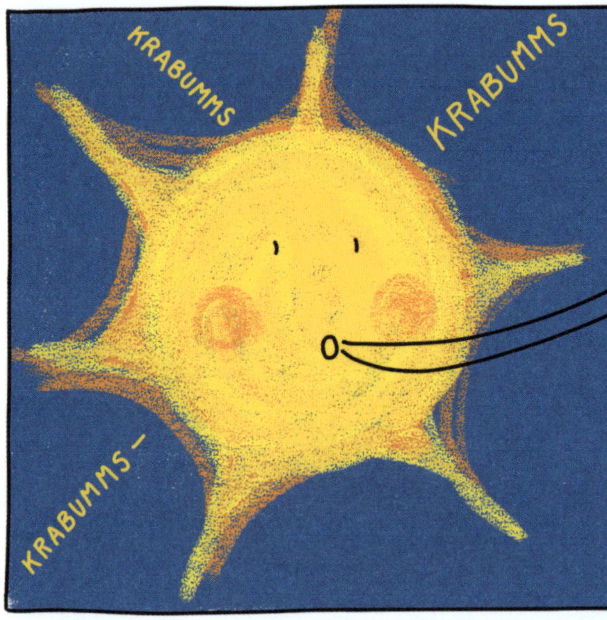

Nachdem unser Sonnen-Stern sich entzündet hatte und die leuchtende Verschmelzungs-Party begann, wurde sie wie alle Sterne unvorstellbar heiß. Und wir wissen ja, was bei Hitze passiert! Die gas-ohne-form-igen Teilchen verabschieden sich!

So wie auch bei unserer Badewanne flüchteten die Gas-Teilchen (die meisten davon waren H-Bausteine und He-Bausteine), während die schweren Staubteilchen ein bisschen lahmer feierten und näher an der Sonne blieben. Außerdem pustete die Sonne zu Beginn ihrer Verschmelzungs-Party-Zeit ordentlich. Und so wurden auch durch diese Sonnenwinde die Gas-Teilchen etwas weiter weggeblasen.

Und weil die Supernova-Gas-Staub-Wolke fast nur aus Gas bestand, waren das wirklich superviele Gas-Teilchen. An manchen Stellen wurde wieder enger gewuselt. Und wo enger gewuselt wurde, wurden auch immer mehr und mehr Gas-Teilchen angezogen. Ist ja klar, die größte Wusel-Wolke zieht am meisten an. So entstanden etwas weiter entfernt von unserem Sonnen-Stern vier Planeten aus Gas: Jupiter. Saturn. Uranus und Neptun. Alle vier enorm groß. Und sie haben noch eine Gemeinsamkeit:

Um sie herum sind Ringe aus Staub und Eis. Nicht bei allen kann man die gut erkennen, deswegen werden sie oft ohne gezeichnet. Aber beim Gas-Planeten Saturn entdeckt man sie sofort! Es sieht ein bisschen so aus, als würde er einen Hula-Hoop-Reifen um sich schwingen.

Aber da waren ja nicht nur Gas-Teilchen. Ein bisschen Staub von der Supernova-Explosion und der Sternenstaub, der durchs Universum fliegt – das war ja auch noch alles da. Einige dieser Staubteilchen blieben aneinander kleben und bildeten Klumpen. Manche Klumpen waren kleiner. Andere größer. Und die größeren, die zogen ordentlich an. Alles, was in ihre Nähe kam, wurde angezogen. Die Staub-Mäuse unter unserem Bett hätten entzückt aufgequietscht, denn das war eine Anzieh-Schmuserei nach ihrem Geschmack. So wurden manche Klumpen immer größer. Andere wurden von den größeren angezogen. Oder blieben für sich. Und klein. Und es entstanden auch immer wieder neue kleine Klumpen, weil größere zusammenknallten und dabei in kleine Teile zerschmetterten. Aus ihnen wurden Kometen, Asteroiden und die Zwergplaneten: Eris, Pluto, Haumea, Ceres und Makemake.

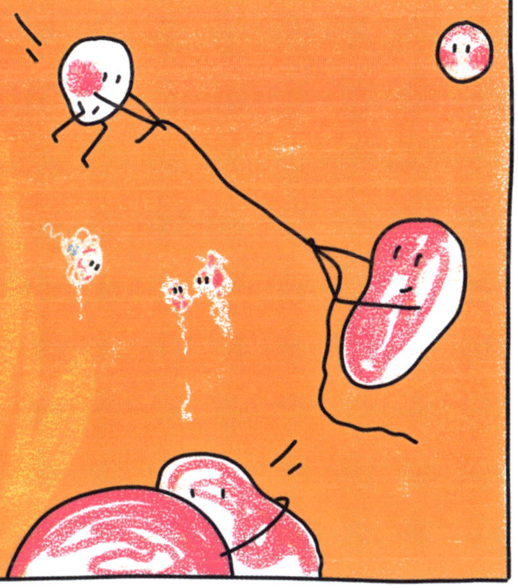

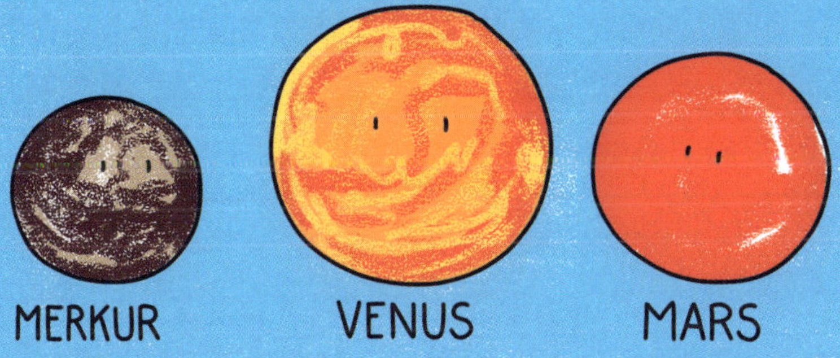

Aus den größeren Klumpen wurden vier Planeten aus Gestein: Merkur, Venus, Mars und der letzte, der ein richtiger Glücks-Planet war. Denn nach allem, was wir heute wissen, wäre er beinahe zerstört worden. Ein riesiger Klumpen donnerte auf ihn zu. Doch anstatt ihn in kleine Kometen-Asteroiden oder Zwergplaneten-Klumpen zu zerschmettern, schrammte er ihn nur. Einige Teile brachen ab, flogen davon – aber weil der Glücks-Planet so groß war, zog er die wegfliegenden Teile an. Nicht so, dass sie auf ihn zurückflogen, aber genau so, dass sie sich nicht ganz aus dem Universumsstaub machten.

Anstatt also einfach wegzufliegen, zogen sich die abgeschmetterten Teile an und vereinten sich zu einem Klumpen, der seitdem um den Glücks-Planeten kreist. 4,5 Milliarden Jahre ist der Klumpen jetzt schon ein treuer Begleiter des Glücks-Planeten.

Dieser Klumpen ist unser Mond.
Und der Glücks-Planet,
Das ist unsere Erde.

Und gemeinsam mit ihm kreisen wir, wie die anderen sieben Planeten, um unseren Stern. Unsere Sonne. Und bilden ein Sonnensystem, das mit vielen anderen Sonnensystemen ein Teil der Milchstraße ist.

⊗ MÖCHTEST DU DAS MAL ZUSAMMEN SEHEN? BLÄTTER MAL ZURÜCK AUF SEITE 65. DA SIND FAST ALLE.

BIBIBIBER: Es war also gar nicht nur so ein schöner Spruch von Euch, dass wir alle Sternenstaub sind! Unser Mond, unsere Sonne und wir - einfach ALLES hier ist ja wirklich aus Sternenstaub entstanden!!!

Ja! Wir finden das auch richtig schön! Und wenn Du kannst, schau Dir mal ein Foto von so einer Sternen-Supernova-Explosion oder dem Sternenstaub-Nebel an. Die sehen schon ein bisschen nach einem Wunder aus! Und wenn man sich dann noch vorstellt, dass das unser Ursprung ist – und der Sternenstaub unsere Erde und alles, was hier ist, gemacht hat, wird das nicht weniger WOW! Überall im Universum fliegen Sternenstaub-BaBaBausteine rum! Aber ausgerechnet hier bei uns auf der Erde haben sie Leben wie Dich und uns gebaut!!!

BIBIBIBER: BOA! Aber könnte nicht auch einfach ein anderer Baustein irgendwo anders im Universum Leben bauen?

Nein, soweit wir wissen, basiert wirklich ALLES, was lebt, auf Glück und Einfach-Alles-Was-Lebt-Kohlenstoff-Bausteinen wie BaBaBaustein. Oder, wenn wir es ganz genau nehmen, ist es zumindest sehr, sehr, sehr, sehr, sehr, sehr unwahrscheinlich, dass es einen anderen Baustein gibt, der Leben bauen kann. Und es ist sehr, sehr, sehr, sehr, sehr, sehr wahrscheinlich, dass wir dieses Leben, das ein anderer Baustein bauen würde, gar nicht richtig als Leben erkennen könnten. Vielleicht würde dieses Leben für uns einfach aussehen wie ein Kieselstein. Denn Leben zu bauen, so, wie wir es kennen, das ist wirklich superkompliziert.

Ja, Leben, das ist mehr als ein Baustein-Bauwerk. Leben ist ein wahres Baustein-Bau-KUNST-Werk!!!

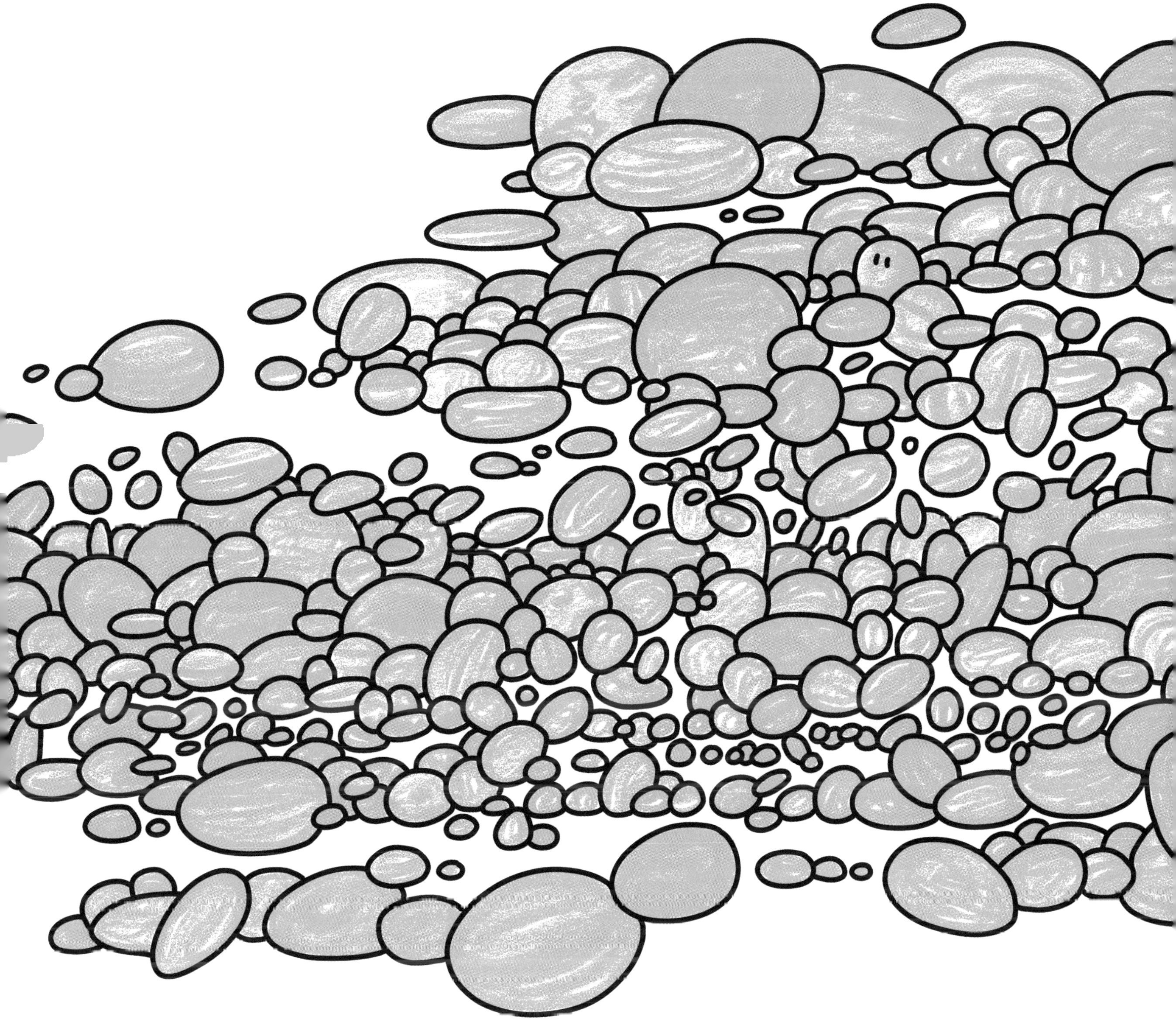

BIBIBIBER: Und wer baut diese Baustein-Bau-KUNST-Werke?

Oh! Das sind wahre Künstlerinnen!!!! Sie sind die größten, die es auf dieser Welt gibt. Ohne sie gäbe es wahrscheinlich kein Leben auf dieser Erde. Sie sind wahre Kohlenstoff-Baustein-Bau-Kunstwerk-MEISTERINNEN!!! Ja, sogar Kohlenstoff-Baustein-Bau-Kunstwerk-GENIES!!!

Und um sie bei ihrer Arbeit zu bewundern, müssen wir nicht einmal in Museen oder auf Konzerte gehen.

Wir müssen keinen Eintritt bezahlen. Oder uns in langen Schlangen irgendwo anstellen. Diese Kohlenstoff-Baustein-Bau-Kunstwerk-Künstlerinnen sind oft mitten unter uns. Vielleicht steht sogar eine bei Dir im Zimmer rum. Auf jeden Fall sehen wir sie, wenn wir rausgehen. Manche von ihnen sind klein und zierlich. Andere riesig und mächtig. Einige sind kunterbunt. Andere nehmen sich farblich eher zurück und hängen am liebsten mit ihren Freundinnen ab …

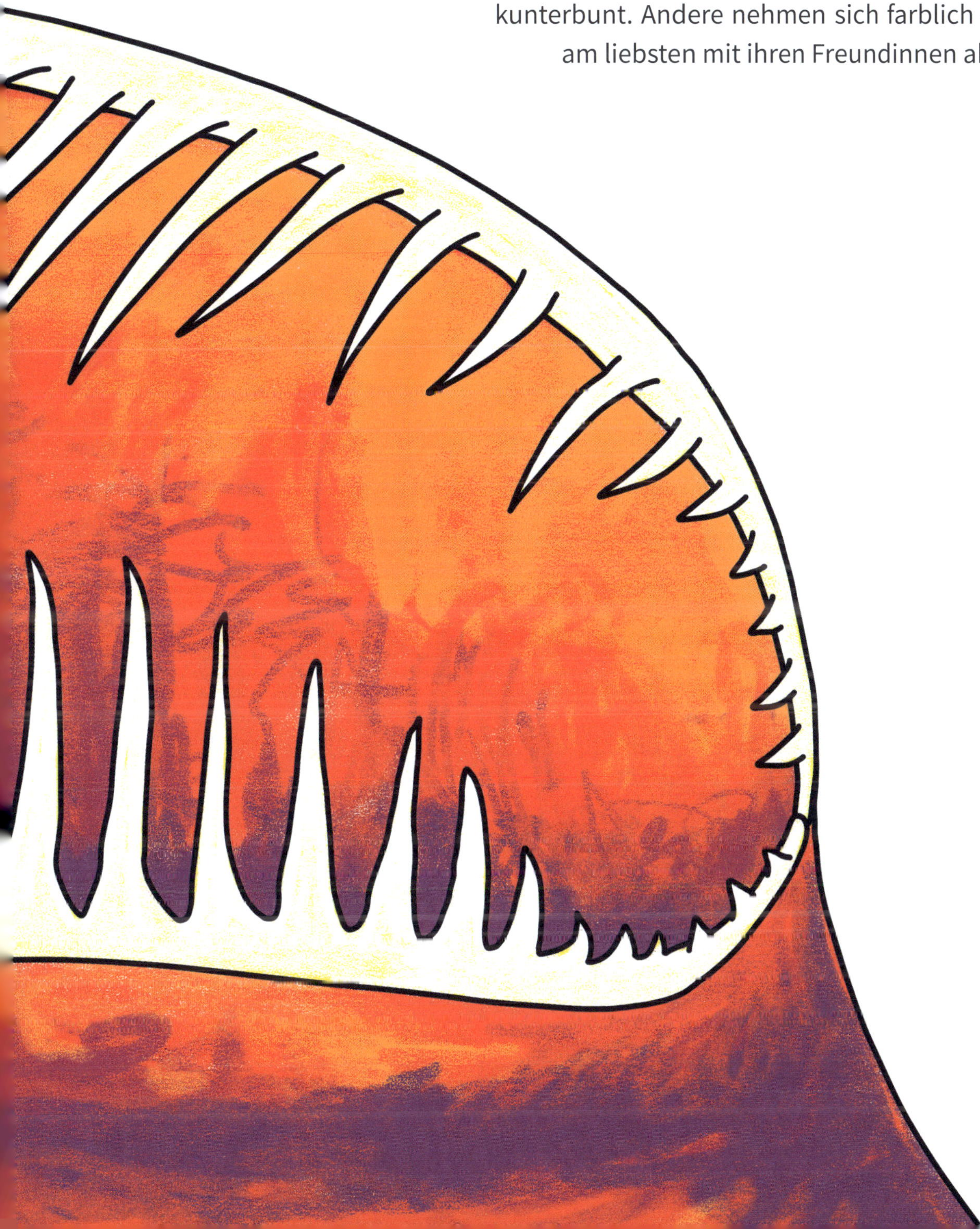

LÖWENZAHN HAT LÖWENMAUL GEKNUTSCHT!
PUSTEBLUME HAT KÖNIGSKERZE AUSGEPUSTET!!!
WARUM BIST DU SO TRAURIG, WEIDE?

PFLANZEN.

Die Trauerweide und der Glücksklee. Der Klatschmohn und die fleischfressende Venusfliegenfalle. Das Vergissmeinnicht, Rhododendron, Pusteblumen, Veilchen, Rosen, Tannen, Fichten und Kastanien. Bäume und Blumen. Wiesen und Wälder. Gräser und Hecken. Ja, wirklich einfach alle Pflanzen dieser Welt sind die größten Kohlenstoff-Baustein-Bau-Kunstwerk-Künstlerinnen.

Und eigentlich sollten wir an jedem Grashalm, an jeder Blume, an jedem Baum oder Kleeblatt einmal kurz stehen bleiben und sie bestaunen und ordentlich anfeuern.

Wir sollten dem Vergissmeinnicht ein Denkmal bauen. Und den Kaktus in den Arm nehmen. Zumindest ein anerkennendes High Five im Vorbeigehen sollte bei so einem Baum hier und da mal drin sein!

Und wenn wir schon mal dabei sind, könnten wir ihnen ab und zu auch einfach mal Danke sagen, weil sie sind nicht nur beeindruckende Kohlenstoff-Baustein-Kunstwerk-Bau-Künstlerinnen. Sie sind auch der Grund, weshalb wir Luft zum Atmen und etwas zu essen haben.

DANKE

Komm, wir schauen uns die Kunst der Kohlenstoff-Baustein-Kunstwerk-Bau-Künstlerinnen mal genauer an.

Für ihre Kunst brauchen unsere Kohlenstoff-Kunstwerk-Bau-Künstlerinnen nur drei Dinge:

1. Wasser, also H_2O
2. Kohlenstoffdioxid, also CO_2 – erinnerst Du Dich? Das Baustein-Bauwerk aus einem Kohlenstoff-Baustein und zwei O-Bausteinen?

… und dann noch Krabumms-Energie, die bekommen sie von unserem Sonnen-Stern. Das Wasser holen sie über ihre Wurzeln aus der Erde. Und das CO_2, das nehmen unsere Kohlenstoff-Baustein-Kunstwerk-Bau-Künstlerinnen aus der Luft. Und dann?

Dann bauen sie! Sie bauen die unterschiedlichsten Kohlenstoff-Baustein-Kunstwerke … Äste und Stämme, Blüten und Früchte. Alles, was sie sind und was sie brauchen, um größer zu werden und zu wachsen, das machen sie einfach selbst! Aus nichts weiter als Wasser, Luft und Sonnen-Krabumms-Energie. Und als wäre das nicht schon WOW genug, steckt in allem, was die Bau-Künstlerinnen bauen, auch ein bisschen Sonnen-Krabumms-Energie drin. Wenn sie Kohlenstoff-Bausteine mit anderen Bausteinen zu ihren Baustein-Kunstwerken zusammenbauen, steckt zwischen jedem Baustein ein bisschen Sonnen-Krabumms-Energie. Ein bisschen so wie Kleber. Nur halt mit sehr viel Energie drin.

SONNEN-
KRABUMMS
CO2
H2O

BIBIBIBER: Wie jetzt – im Obst steckt Sonnen-Krabumms-Energie?

Ja. Im Apfel und in der Ananas. In der Birne und der Brombeere. Aber eben auch im Gemüse. In Wiesen. Und Wäldern. Im Gras und im Grünkohl. In Weidenknospen und in Walnüssen. In Baumrinden, Kiwis, Zitronen, Kiefern, Rosen, Palmen, Tannen, Maiglöckchen und Fichtenzapfen – in einfach allem, was eine Pflanze ist, in einfach allem, was Pflanzen bauen, steckt Sonnen-Krabumms-Energie. Als wären die Kohlenstoff-Kunstwerk-Bauten ein bisschen so was wie Sonnen-Krabumms-Energie-Batterien. Und weißt Du, was die Sonnen-Krabumms-Energie-Batterien aufladen?

UNS!!!

Denn Ihr Biber und wir Menschen, wir können uns ja nicht in die Sonne stellen, unsere Füße in die Erde stecken, über Strohhalm-Zehenspitzen Wasser in unsere Körper saugen, einmal einatmen und dann in uns drin einfach Sonnen-Krabumms-Energie-Speicher-Batterien bauen. Das können wirklich nur die Pflanzen. Aber wir alle brauchen Krabumms-Energie. Ohne Krabumms-Energie würden unsere Körper nicht funktionieren. Sie würden nicht laufen, nicht sprechen. Ja, noch nicht einmal schlafen. Und atmen würden sie auch nicht. Nichts, einfach absolut und überhaupt gar nichts, würden unsere Körper machen ohne sie. Ohne Krabumms-Energie könnten wir nicht leben.

BIBIBIBER: OH!!! Und wie kommen wir dann an diese Krabumms-Energie ran? Wenn wir doch keine Kohlenstoff-Kunstwerk-Batterie-Bau-Künstlerinnen sind, wie die Pflanzen?

Wir essen sie. Also, die Kohlenstoff-Baustein-Kunstwerk-Batterie-Bau-Künstlerinnen. Beim Kauen und Verdauen bauen wir ihre Kohlenstoff-Batterie-Bau-Kunstwerke auseinander. Und kommen so an die Sonnen-Krabumms-Energie, die zwischen den einzelnen Bausteinen steckt.

Ihr Biber und wir Menschen. Ja, einfach alle Lebewesen auf dieser Welt sind also lebende Baustein-Bau-Kunstwerke, die von einer Krabumms-Kraft betrieben werden: unserem leuchtenden Sonnen-Stern.

Oh, und weißt Du, was wir neben Sonnen-Krabumms-Energie noch brauchen, um zu leben? Abfall. Einen ganz besonderen Abfall. Abfall, der entsteht, während unsere Kohlenstoff-Baustein-Kunstwerk-Bau-Künstlerinnen ihre Kunstwerke bauen. Denn da bleibt was übrig. Und das, was da übrig bleibt, schmeißen sie einfach weg. Zurück in die Luft. Brauchen sie nicht mehr. Ist für sie Abfall. Und weißt Du, was da als Abfall in der Luft übrig bleibt?

O_2. Also 2-mal SAUERSTOFF. Weißt Du noch, das ist der dunkelblaue Baustein. Und wir, wir brauchen ihn, um zu atmen.

BIBIBIBER: Aber ist das dann nicht irgendwie unfair? Wir essen sie einfach auf! Sie geben uns so viel Wichtiges, und wir? Wir geben ihnen nichts zurück außer AUFESSEN?!?!

Na ja, wir geben ihnen schon etwas. Etwas, das für sie sehr wichtig ist. Du musst wissen, auch wir produzieren beim Verdauen und Atmen Abfall. Und wie die Pflanzen geben wir den wieder in die Luft zurück. Wir atmen ihn aus. Weißt Du, was unser Abfall ist? Unser Abfall ist CO_2.

Und wer braucht dieses CO_2? Richtig! Unsere Kohlenstoff-Baustein-Kunstwerk-Bau-Künstlerinnen, die Pflanzen.

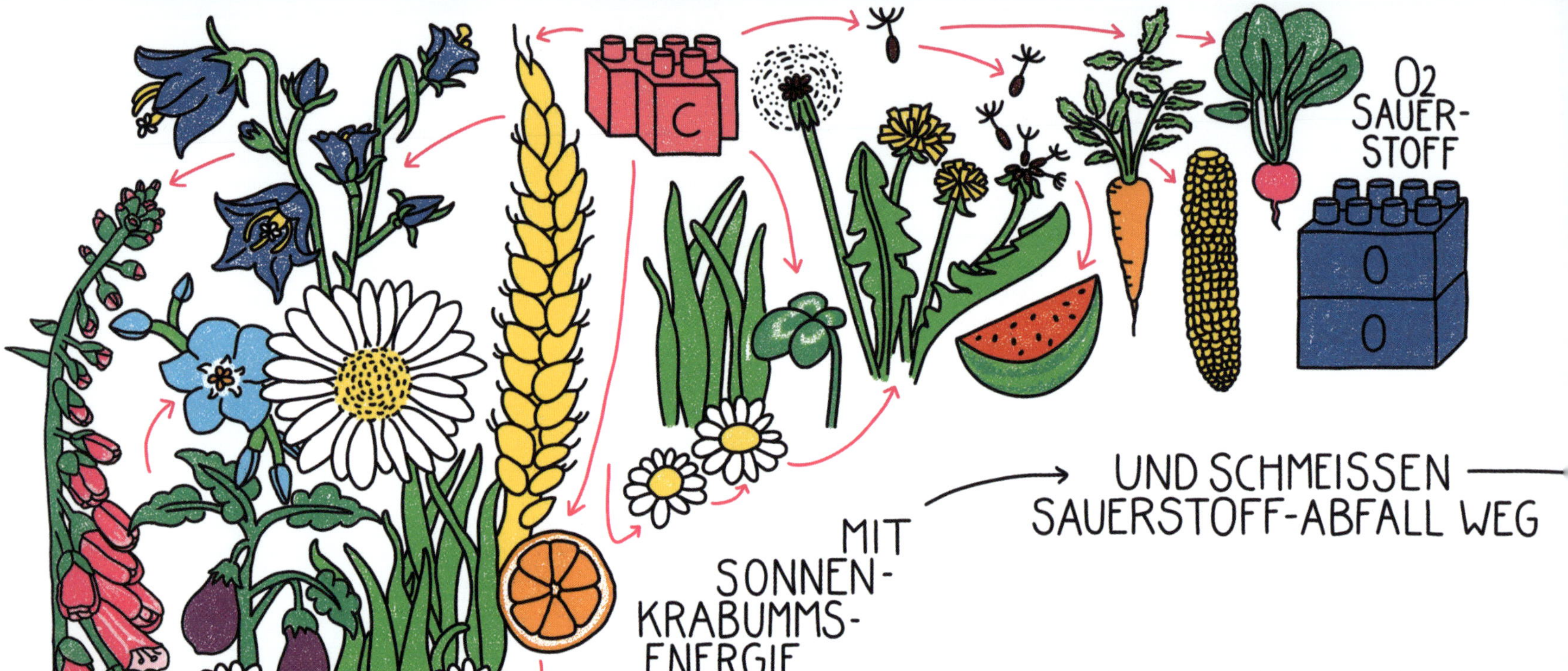

So entsteht ein Nehmen-und-Geben-Kreislauf. Ein Kreislauf, bei dem Baustein-Kunstwerke entstehen, die unser Leben ermöglichen.

Und weil alle diese Baustein-Bau-Kunstwerke eine Sache gemeinsam haben (unseren KOHLENSTOFF-Baustein), nennen wir den Nehmen-und-Geben-Kreislauf, der das Leben ermöglicht: Kohlenstoff-Baustein-Bau-Kunstwerk-Kreislauf des Lebens. Oder, weil das selbst für unsere Wortketten wirklich superlang ist – kurz:

KREISLAUF DES LEBENS

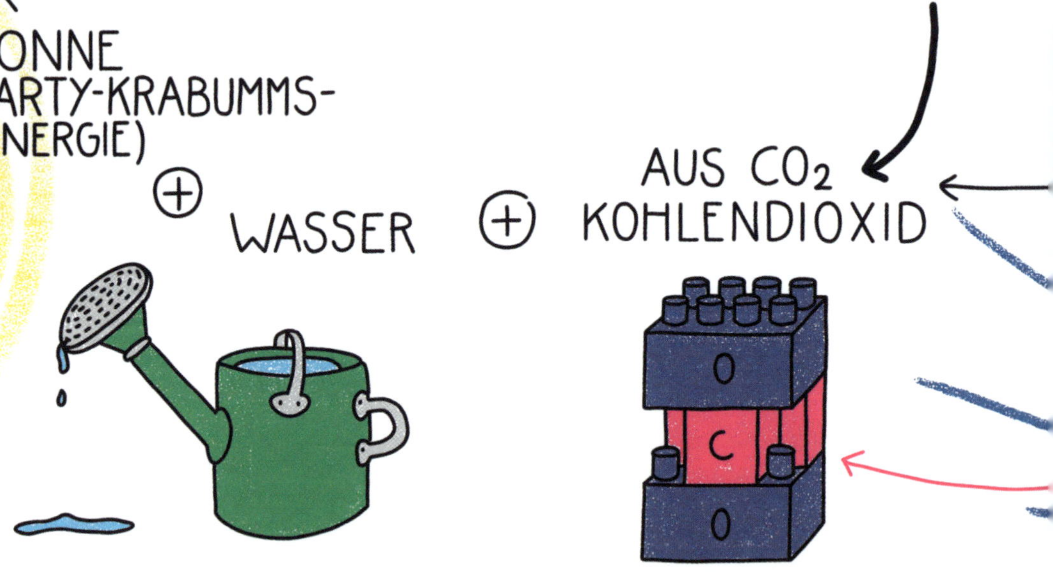

BIBIBIBER: Aber Ihr Menschen, Ihr esst doch gar nicht alle nur Pflanzen, so wie wir Biber! Wie geht das denn dann, mit diesem Kreislauf des Lebens?

Na, dann geht der Kreislauf des Lebens einfach nur einen kleinen Umweg. Erst ist da zum Beispiel eine Kuh. Und die isst eine Pflanze. Dadurch kommt die Kuh an die Sonnen-Krabumms-Energie. Und wenn dann später ein Mensch ein Stück Kuh isst, dann kommt er so an die Sonnen-Krabumms-Energie, die in der Kuh steckt, weil sie davor eine Pflanze gegessen hat. Wir könnten auch direkt den Löwenzahn essen. Dann wären wir ohne Kuh-Umwege an die Sonnen-Krabumms-Energie gekommen.

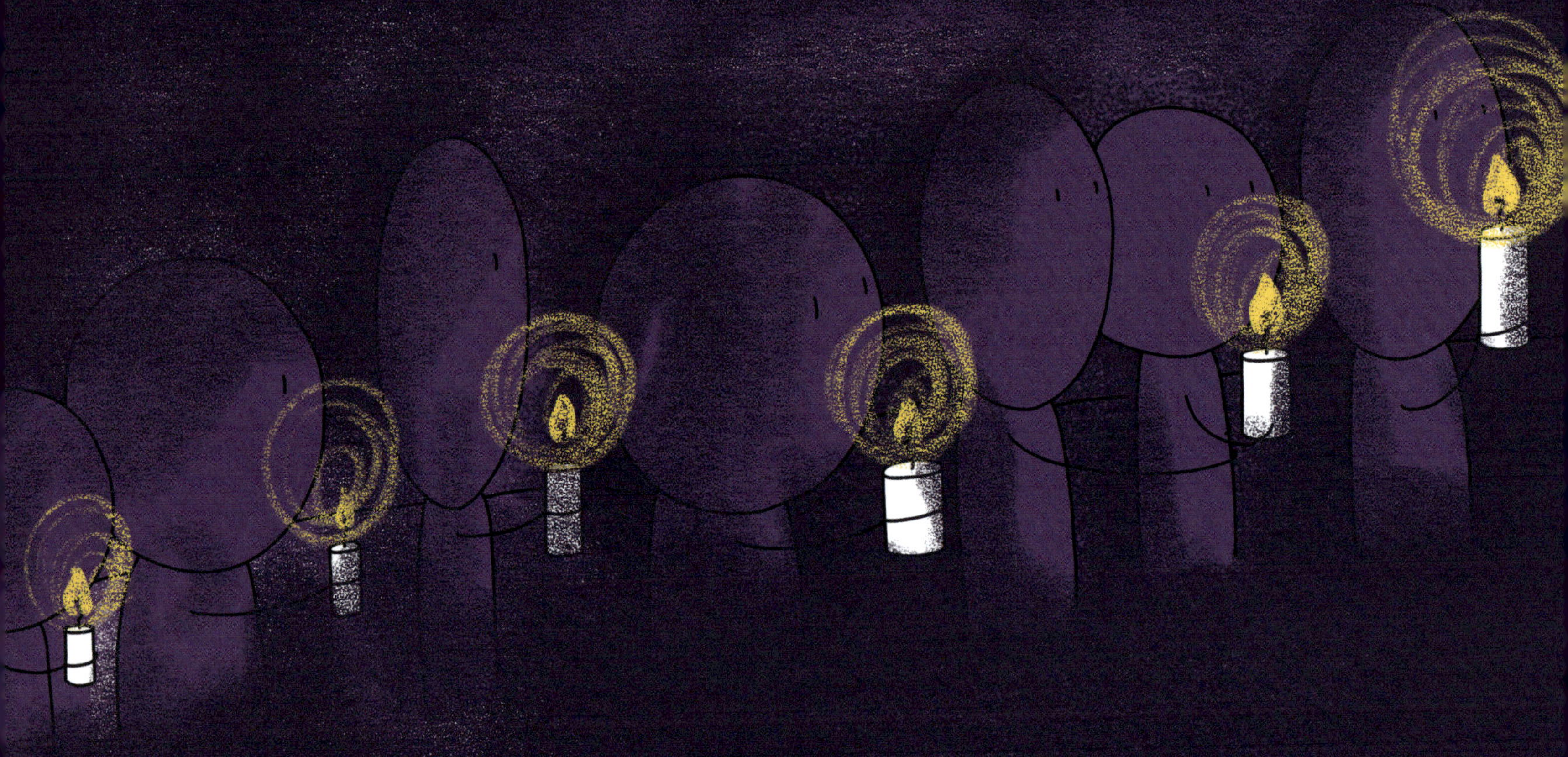

BIBIBIBER: WOW! Wir sind echt alle Teil vom Kreislauf des Lebens?

Ja, bis wir sterben, sind wir alle ein Teil davon. So lange, wie wir Sauerstoff ein- und CO_2 ausatmen, so lange, wie wir aus unserer Nahrung Sonnen-Krabumms-Energie bekommen, so lange sind wir alle ein Teil im Kreislauf des Lebens. Wenn wir sterben, atmen und essen wir nicht mehr. Und dann sind wir auch kein Teil vom Kohlenstoff-Kreislauf des Lebens mehr. Das ist Teil des Gleichgewichts, denn es kommen ja auch immer wieder neue Menschen, Tiere und Pflanzen auf die Welt. Die einen scheiden aus dem Kreislauf aus, die anderen kommen dazu.

BIBIBIBER: Und was passiert dann mit uns? Wenn wir den Kreislauf verlassen? Wenn wir sterben?

Wenn wir sterben, dann wird das Kunstwerk des Lebens, das wir waren, wieder auseinandergebaut und die Bausteine bauen etwas Neues.

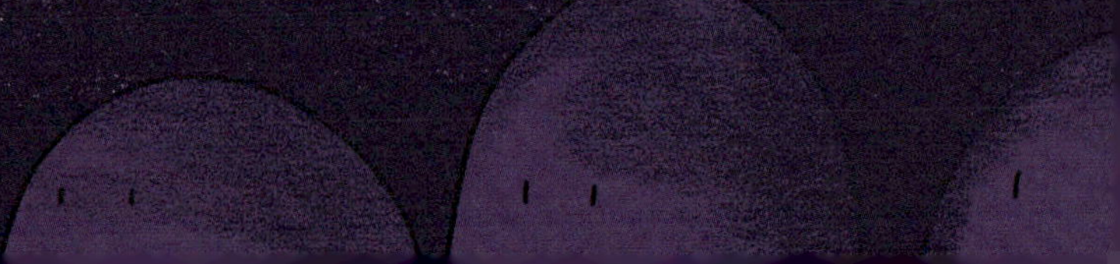

Erinnerst Du Dich an die Geschichte von unserem kleinen BaBaBaustein? Der war ja mal ein Faden. Und auch ein Pferd. Er war ein Turm und ein T. rex. Eine Ananas und eine Qualle. Er flog durch die Luft und schwamm durch den großen Ozean. Auch die Bausteine, aus denen wir gebaut sind, Du, Deine Familie, all die Biber und Menschen, die wir lieben, können wieder zu neuen Lebewesen zusammengebaut werden. Auch wenn wir sterben, werden all unsere Bausteine weiterleben. Und weil wir aus so vielen Bausteinen gemacht sind, verteilen sie sich überall. Einfach überall auf dieser Welt.

BIBIBIBER: Hmmm. Wann muss ich denn sterben?
Oder meine Eltern – oder Ihr?

Das wissen wir nicht. Manche leben kürzer.
Manche leben länger.

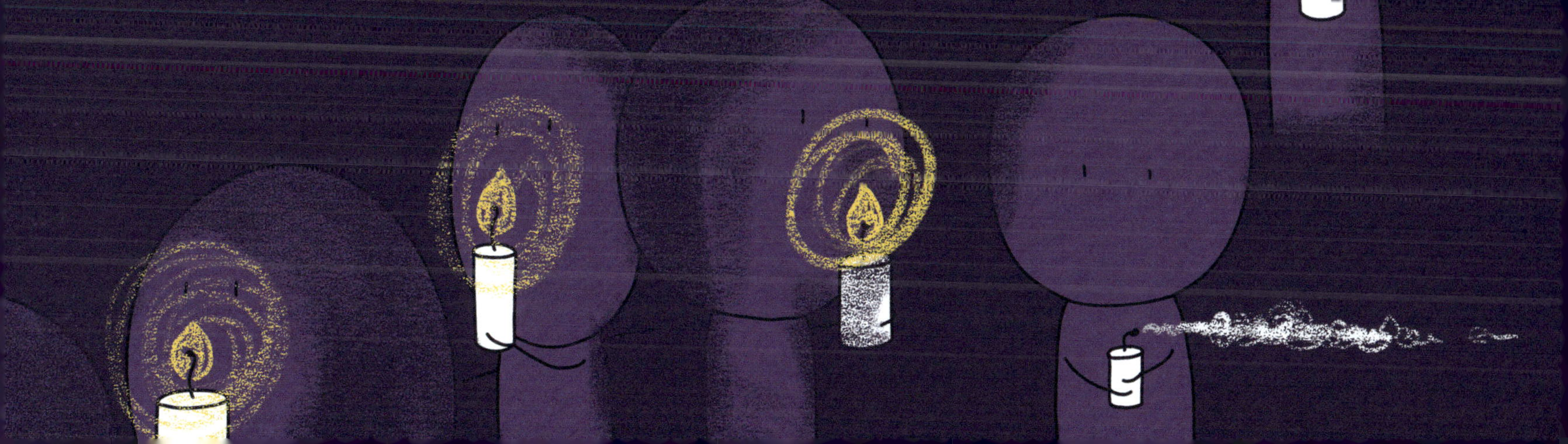

BIBIBIBER: Und wie fühlt sich das an, wenn jemand stirbt, den wir lieb haben? Ich will mir das gar nicht richtig vorstellen! Wie ist das bei Euch Menschen?

Es ist schwer, zu beschreiben, wie sich das anfühlt. Auch, weil wir Menschen alle so unterschiedlich sind und so unterschiedliche Gefühle haben. Vielleicht ist es ein bisschen so, als hätte man auf einmal Besuch von einer unsichtbaren Wolke. Mal ist diese Wolke stürmisch, sie blitzt und donnert so sehr, dass alles wackelt und wir Angst haben, dass alles zusammenbricht. Mal regnet sie den ganzen Tag, macht alles nass und kalt und wir haben überhaupt keine Lust auf irgendwas. Keine Lust, zu spielen. Keine Lust, rauszugehen. Keine Lust, andere Menschen zu sehen. Keine Lust auf einfach alles. Nicht einmal darauf, keine Lust auf einfach alles zu haben.

Manchmal fühlt sich das fürchterlich gemein an. Weil man sieht, dass die Wolke mit ihrem Regen nur bei uns zu Besuch ist. Alle anderen haben sie noch, ihre Lust auf einfach alles. Während wir unter unserer Regenwolke in einer großen Regenpfütze sitzen und der Welt dabei zuschauen müssen, wie sie einfach weitermacht, als wäre nichts gewesen. Die Blumen blühen. Die Vögel singen. Die Kinder spielen. So, als wäre niemand gestorben. Als wäre keine Wolke zu Besuch.

Manchmal aber, da ist die Wolke auch ganz leicht. Sie schwebt an einer langen Schnur neben uns her und wir spüren fast gar nicht, dass sie da ist. Oft vergessen wir sie sogar komplett. Wir spielen und lachen und machen all die Sachen, die wir einfach immer so machen. Dann fühlt es sich fast so an, als wäre die Wolke gar nie da gewesen. Und an wieder anderen Tagen sind wir sogar ganz dankbar, dass es sie gibt, unsere Wolke. Weil sie uns Schatten spendet und wir unter ihr – vor der Sonne beschützt – im Gras liegen und an den Menschen denken können, der gestorben ist.

Irgendwann merken wir, dass die Wolke gar nicht nur kurz zu Besuch ist. Sondern ab jetzt einfach dazugehört. Dass sie manchmal leicht ist, wie ein Sommerwind, manchmal donnert und blitzt – und manchmal auch einfach einige Tage regnet. Vielleicht haben wir nach all der Zeit mit unserer Wolke bemerkt, dass wir uns an solchen Regentagen viel leichter fühlen, wenn wir von Menschen umgeben sind, die wir lieben. Weil sie sich ein bisschen anfühlen wie ein Regenschirm. Oder aber, dass wir uns an solchen Tagen am liebsten zu Hause verkriechen und einkuscheln, bis der Regen vorbei ist.

Vielleicht tanzen wir auch manchmal durch den
Regen und springen mit Anlauf und voller Wucht in tiefe Pfützen,
bis das Wasser nur so spritzt. Es ist unsere Wolke! Und wir dürfen mit ihr und
ihren Launen machen, was wir wollen.

Manchmal hilft es, wenn wir für einen Moment einfach nur gemeinsam dasitzen. Unsere Wolke und wir. Wenn wir einmal tief einatmen und daran denken, dass all die Bausteine, aus denen der gestorbene Mensch einst gebaut war, noch da sind. Im Wasser und in der Luft, in den Blumen und Bäumen, in anderen Menschen, Tieren und einfach allem, was auf dieser Welt ist, haben sie sich zu etwas Neuem zusammengebaut.

Nie wieder werden sie das sein, was sie einmal waren. Wir alle sind einmalige Baustein-Kunstwerke. Aber in all den neuen Baustein-Kunstwerken dieser Welt, da leben sie weiter. Und so haben die Wolke und wir unseren Menschen immer ein bisschen bei uns. Und um uns herum.

BIBIBIBER: Uff.

Ja. Aber weißt Du, bevor wir sterben, bevor unsere Bausteine neue Baustein-Kunstwerke bauen und viele neue Abenteuer wie BaBaBaustein erleben, sind WIR ja da! Und wir LEBEN.

Wir atmen Arm drückende Luft-Teilchen ein und aus und springen Popo voraus ins warme Wasser. Wir können Grußbotschaften auf Badezimmerspiegel schreiben und unser Leben mit Menschen verbringen, die sich anfühlen wie Regenschirme. Wir können Bücher lesen, Fragen stellen und Antworten suchen. Marmeladenbrote mampfen, wild tanzend über Tanzflächen toben und eng aneinander gekuschelt zu Streichermusik schunkeln. Wir können Staubwolken beim Wachsen zuschauen und mit unsichtbaren Luft-Elefanten um die Wette tröten. Wir können mit bunten Wassermelonen-Ballons Geburtstagspartys schmücken und uns Geschichten ausdenken, in denen Kieselsteine Aliens sind. Wir können Postkarten verschicken, an Rosen riechen und Liebeslieder für unsere Erde dichten. Unser Zuhause. Unser Planet. Dieses blaue Wunder! Das ein Teil eines Sonnensystems ist, das gemeinsam mit vielen anderen Sonnensystemen auf einer Milchstraße liegt. So viele, dass unser Sonnensystem darunter so groß ist wie ein Sandkorn am Strand.

Und ausgerechnet wir, ja, ausgerechnet unsere Erde ist unter all diesen Sandkörnern der Milchstraße, ja, sogar unter all den anderen Sandkörnern im ganzen Universum, ein Teil eines ganz besonderen Sandkorns. Ein Sandkorn mit einem Stern und acht Planeten. Und auf einem einzigen davon gibt es LEBEN. Auf einem einzigen gibt es UNS.

Und wenn wir mal traurig sind oder einfach nur ein bisschen staunen wollen, können wir nachts in den Sternenhimmel schauen. Diese leuchtenden Party-Sterne, die in dunklen Weiten funkeln, sind ein bisschen wie ein Feuerwerk des Universums, das jede Nacht mit uns das Wunder des Lebens feiert. Und wir? Wir schauen nicht nur in den Sternenhimmel. Wir sind ein Teil davon.

Und das, was die Sterne da zum Leuchten bringt, das tragen wir alle in uns drin.

Wir sind alle lebende Haufen Sternenstaub. Und da ist ja wohl ohne Frage leuchtend klar, dass keiner dieser Sternenstaub-Haufen weniger wert ist als ein anderer.

BIBIBIBER: STERNENHIMMELKLAR!

Und wenn Du grad mal keinen Sternenhimmel sehen kannst, weil der Nachthimmel voller Wolken hängt, dann schau Dich einfach um. Weil der Sternenstaub, der ist ja eh überall!!!

MEHR ÜBER MAI & MARIE

FOTO © BORIS BREUER

MARIE

malt, schreibt, singt, denkt, bildet Banden, schwimmt und kocht supergern und supergut. Außerdem hat sie immer richtig viele richtig gute Ideen und findet selbst für die witzigsten, mutigsten und neusten Ideen irgendwie einen Weg, sie auch umzusetzen. Dafür hat Marie schon richtig wichtige Preise gewonnen. Solche, wo man vorher auf roten Teppichen fotografiert wird. Das mag Marie aber gar nicht so gerne, weil sie viel lieber selber fotografiert. Und weil sie sich gar nicht so gerne schick macht. Viel lieber macht sie sich dreckig. Zum Beispiel, wenn sie Dinge baut. Am liebsten sehr große Dinge, die sie mit guten Leuten teilen kann. Als sie vor einiger Zeit mal wieder so etwas sehr Großes baute (eine Terrasse für ganz viele Menschen direkt an einem See, durch den sie so gerne schwimmt), da kam ihr eine ihrer guten Marie-Ideen: DIE IDEE FÜR BIBIBIBER.

Und weil Marie ja so gerne Banden bildet und wusste, dass sie zwar sehr schlau ist, sehr viel über Menschen, Kunst, Musik und Schreiben weiß, aber so gar nicht viel über Chemie, Biologie, Physik und so, wusste sie sofort, wen sie jetzt anrufen muss. Ihre Freundin.

MAI

denkt, schreibt, filmt, moderiert, tanzt, kocht, spielt Klavier und ist in einfach allem davon sehr, sehr gut. Sie ist superschlau. Und sie lernt auch sehr schnell. Zum Beispiel, wie man Videos filmt und schneidet. Und Mai lernt Dinge nicht nur sehr gut, sie macht sie dann auch. Und wie sie die Dinge macht! Getanzt hat sie so gut, dass sie mit ihrer Tanz-Gruppe sogar Weltmeister war. Und ihre Videos, die haben sich im Internet mehrere Millionen Menschen angesehen! Aber ihre Videos sind nicht nur sehr erfolgreich, sie sind auch noch sehr gut. So gut, dass Mai und ihre Video-Bande dafür so viele Preise gewonnen haben, dass man wahrscheinlich ein ganzes BiBiBiber-Buch damit füllen könnte. Und so gut, dass Mai jetzt auch im Fernsehen arbeitet. Und sowieso macht Mai einfach so viele Dinge, dass sie sich EIGENTLICH sehr sicher war:

Ich kann auf keinen Fall noch irgendetwas Neues machen. Egal, was es ist, ich muss es absagen! Doch dann klingelte das Telefon. Und Marie erzählte ihr ihre Idee. Da war Mai sofort klar, dass dieses EIGENTLICH MUSS ICH ALLES ABSAGEN für wirklich alles zählt – ABER NICHT FÜR BIBIBIBER!

SEITDEM ARBEITEN SIE GEMEINSAM DARAN, DASS AUS EINER IDEE WIRKLICHKEIT WIRD. UND DIESES BUCH IST DER BEWEIS, DASS SIE ES GESCHAFFT HABEN!

DASS SIE ES GESCHAFFT HABEN, HABEN SIE AUCH GANZ VIELEN TOLLEN MENSCHEN ZU VERDANKEN, MIT DENEN SIE EINE GROSSE BIBIBIBER-BANDE GEGRÜNDET HABEN.

JENS FOELL & LARS DITTRICH,

die superkrass schlau sind und superviel über Pflanzen und Teilchen und so viel mehr wissen. Ganz viel von dem steckt in diesem Buch. Außerdem hören sie einfach nie, nie auf, Fragen zu stellen. Das ist eh und immer gut. Aber für ein Buch, das „BiBiBiber hat da mal 'ne Frage“ heißt, natürlich besonders. Und weil das alles so wichtig für dieses Buch war, möchten Mai und Marie den beiden nicht nur DANKE sagen, sondern ganz deutlich für alle klarstellen: Die zwei sind PREMIUM-MITGLIEDER der BiBiBiber-Bande!!!

CONSTANZE WEIHRAUCH,

die so, so gut darin ist, Dinge zu organisieren und Unmögliches möglich zu machen! Ohne sie hätten Mai und Marie gar nicht die Zeit für all das Denken und Schreiben und Malen. Deswegen sind die beiden Constanze und ihrer Orga-Bande (♥ Alina) so dankbar, dass es sie gibt, dass ein Danke gar nicht ausreicht. Daher kommt hier direkt ein zweites:

DANKE!

Und eine extra Blume auch noch dazu.

FOTOS © BORIS BREUER

DIE BIBIBIBER-BANDE IM OETINGER VERLAG: Sarah Nünning (Snü), Helene Hillebrandt, Imke Ahrens, Julia Bielenberg, Susanne Mardt, Nina Horn, Anne Petersen, Nina Staedler, Jennifer Selchow, Helga Blümlein, Lea Wiebusch, Judith Kaiser, Anika Tasche, Alexandra Fürtauer, Angela Twiefel, Sabine Conrad und Frauke Weise.

DIE TOLLEN MENSCHEN, DIE DIESES BUCH PROBE GELESEN HABEN: Piet und Wim Lindner, Marie von Oheimb, Jetti Eberhard, Sophie Schnase, Paul Straehler-Pohl, Paula und Toni Rohwer, Greta Bangel (Gretchen), Anton Siebert und unsere Korrektorinnen Anja Davidsen und Martina König.

NATÜRLICH AUCH AN: Peer Bießmann für den juristischen Rückenwind und Frank Bott dafür, dass sich BiBiBiber ohne Steuersorgen durch die Weltgeschichte fragen kann, Doro Zauner für ihre Presse-Zauner-Zauberei, Boris Breuer für die tollen Fotos und Andrea Braun dafür, dass Mai und Marie auf den Fotos so gut aussehen.

UND UNBEDINGT UND IMMER AN ALL DIE MENSCHEN, DIE AUCH PRIVAT MIT MAI UND MARIE BANDEN GRÜNDEN: Matthias, die Eltern von Mai, die große Maus und das kleine Vögelchen, Maries Lieblingsmenschen, Maries Familie, die See-Terrassen-Crew und Manu, der immer für Marie und auch für den Text in diesem Buch da war.

QUELLEN, ERKLÄRUNGEN UND NOCH MEHR INFOS

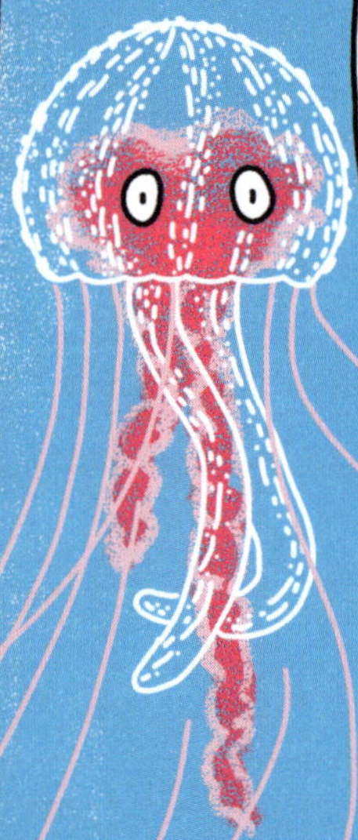

Auch Menschen können Quallen, äh, Quellen sein! Und für dieses Buch hatten wir vier ganz besonders schlaue und tolle Quallen-Quellen-Menschen!!! Bei ihnen möchten wir uns unbedingt bedanken, aber mehr noch: Wir möchten sie auch als superhilfreiche Quallen hervorheben:

Verena Kauzleben, Prof. Dr. Harald Lesch, Dr. Sibylle Anderl, Dr. Victoria Grinberg und Dr. Felicitas Mokler. Danke für Eure Zeit, Eure schlauen Gedanken und dass wir Euch all die Fragen stellen konnten, die BiBiBiber sonst immer uns stellt.

Wir schreiben hier im Buch auf der Seite 22: „Keiner feiert so wild wie Teilchen in Gasen" – aber wenn wir es mal wieder fürchterlich streng nehmen (und das machen wir natürlich auch bei Tanz-Teilchen), dann gibt es Teilchen, die noch wilder toben. Und zwar die Plasma-Tanz-Teilchen. Plasma gibt es aber auf der Erde in der Natur fast gar nicht. Deswegen sind die Tobe-Tanz-Teilchen im Gas schon irgendwie mit die wildesten. Und wenn Du Dich jetzt fragst, aber wo sind die denn, diese noch wilderen Plasma-Tanz-Teilchen? Dann schau mal hoch. Zu unserem Sonnen-Stern. Da wo die wildeste Party im Unversum tobt, da ist es zum Beispiel, dieses Plasma. Deswegen schreiben wir auf Seite 54 auch, dass die Party im Wasserdampf so eine lahme Schunkelveranstaltung im Vergleich zur Sternenparty ist. Oh, und in Blitzen, da ist auch Plasma. Kann man sich irgendwie gut vorstellen, wenn die so durch den Gewitterhimmel zucken, dass sie auch eine richtig krasse Party feiern.

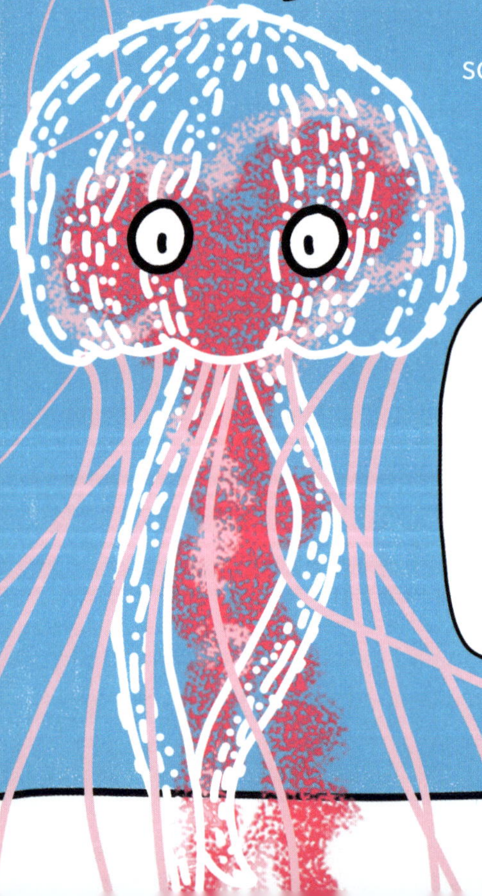

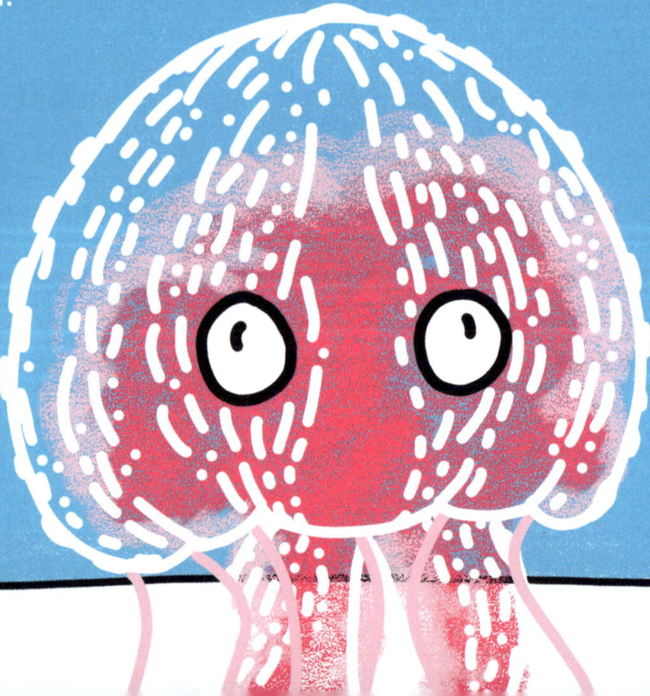

Auf der Seite 27 sagen wir, dass auf BiBiBiber ein Luft-Elefant sitzt. Und das stimmt! Auch auf Dir sitzt in diesem Moment so ein riesiger Elefant aus Luft. Wie wir das berechnet haben, kannst Du in unserer Online-Sammlung nachlesen. Hier haben wir auch aufgelistet, woher wir all die anderen Dinge wissen, die wir im Buch aufgemalt und aufgeschrieben haben. Und sollten sich Dinge, die wir hier geschrieben haben, ändern, weil wir Menschen wieder mal was Neues rausfinden über das Universum oder den Urknall, dann schreiben wir es auch hier hin: www.bibibiber.com/WarumLeuchtenSterne/lesen

Zur Seite 40/41: Wir wissen aktuell von 118 Bausteinen. Und dazu haben wir geschrieben, dass man nicht mit allen spannende Dinge bauen kann, weil viele schnell kaputtgehen und superselten vorkommen. Es kann sehr gut sein, dass da mehr Bausteine dazukommen. Dann bekommen die die Nummer 119, 120 und so weiter. Aber die werden dann wahrscheinlich auch sehr schnell wieder kaputtgehen. Du kannst Dir grob merken: Je höher die Zahl, desto wahrscheinlicher, dass der Baustein sehr schnell kaputtgeht, nicht so viel bauen kann und künstlich hergestellt wurde. So wie zum Beispiel der mit der Nummer 110. Er heißt Darmstadtium. Und rate mal, wo man den hergestellt hat! Richtig. In Berlin schon mal nicht. Sondern in Darmstadt. Und nach 12,7 Sekunden ist er schon kaputt.

Wir schreiben im Buch ja immer wieder von Planeten. Aber was sind Planeten überhaupt? Und was sind Zwergplaneten? Planeten sind runde Himmelskörper, die um einen Stern kreisen, aus Gestein oder Gas sind und nicht von sich aus leuchten. Sie sind alle so groß, dass sich ihnen nichts in ihre Umkreisungs-Bahn stellen kann. Ihr Weg ist also frei. Alles, was ihnen mal im Weg war, haben sie entweder aus dem Weg geschubst oder angezogen. Zwergplaneten, wie Juno oder auch Pluto, haben das nicht. Sie sind einfach zu klein und haben deswegen nicht so viel Wegstoß- oder Anzieh-Kraft. Und so ist ihre Bahn nicht frei und sie werden immer wieder angerempelt. Und rempeln auch zurück. Aber ganz egal, ob Planet oder Zwergplanet: Alle sind aus Sternenstaub. So, wie wir auch.

MIX
Papier | Fördert gute Waldnutzung
FSC® C002795

Überarbeitete Originalausgabe
2. Auflage

Max-Brauer-Allee 34, 22765 Hamburg

Druck und Bindung: Livonia Print SIA,
Jurkalnes iela 15/25, LV-1046 Riga, Lettland
Printed 2024
ISBN 978-3-7512-0447-7

www.oetinger.de

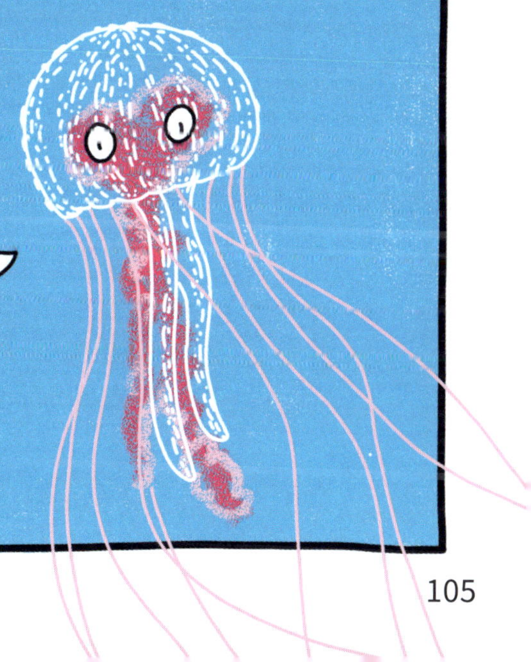